M@@K no.083
地圖隨身go

釜山大邱地鐵地圖快易通

Busan

Daegu

Metro

超實用
地鐵
6
×
不迷路
地圖
47
×
自由行
路線
5

no.083 地圖隨身

釜山大邱地鐵
地圖快易通
Busan & Daegu Metro

本書所提供的各項可能變動性資訊，如交通、時間、價格、地址、電話或網址，係以2024年8月前所收集的為準；但此類訊息經常異動，正確內容請以當地即時標示的資訊為主。
如果你在旅行中發現資訊已更動，或是有任何內文或地圖需要修正的地方，歡迎隨時指正和批評。你可以透過下列方式告訴我們：
寫信：台北市南港區昆陽街16號7樓MOOK編輯部收
傳真：02-25007796
E-mail：mook_service@hmg.com.tw
FB粉絲團：「MOOK墨刻出版」www.facebook.com/travelmook

目錄

釜邱必玩6條地鐵線
32個地鐵站手指MAP快易通

目録

如何使用本書

介紹該地鐵線的特色。

將該線重要的地鐵站做介紹。

本站的代表景點，千萬別錯過了。

由達人帶你Stop by stop玩該地鐵線上的重要景點，循站拜訪毫無遺憾。

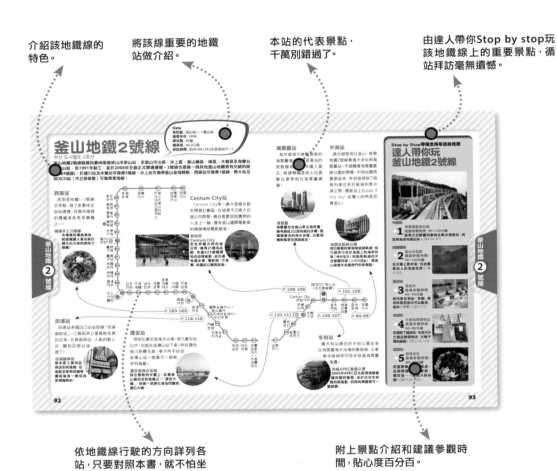

依地鐵線行駛的方向詳列各站，只要對照本書，就不怕坐過站！

附上景點介紹和建議參觀時間，貼心度百分百。

地圖ICONS使用說明

◉景點	ⓘ日式美食	▣劇院	⛴乘船處
🏛博物館	✿酒吧	🏦政府機關	🍜麵類
🏠公園	🏨飯店	☕咖啡廳	🍰洋菓子
🏬商店	✝教堂	ℹ旅遊服務中心	🏢百貨商場
🍴異國美食	⚑學校	🚌公車站	🗺地圖

本書依地鐵線→重要地鐵
站→必訪景點逐步介紹。

景點、美食、購物等介紹，
依照編號與地圖對應，找
路更方便。

右邊邊欄依序標出該地鐵
線的重要停靠站，方便尋找
翻閱。

內文介紹用紅字higlight，讓
你秒抓重點！

針對景點中特別典故做更深
入的介紹。

景點必訪原因，加上圖說告訴
你這樣玩更精彩。

如何使用本書

書中資訊ICONS使用說明

電話：如果要前往需事先預約的景點或是人氣排隊店，可打電話預約或確認。

傳真：可直接以傳真方式向飯店預約即時訂房。

地址：若店家均位於同一棟大樓或同一家商場，僅列出大樓名稱及所在樓層。

時間：顯示景點和店家的營業時間。

休息日：如果該店家沒有休市日就不列出。

價格：到該餐廳用餐的平均消費。

交通：在大區域範圍內詳細標明如何前往景點或店家的交通方式。

網址：出發前可先上網認識有興趣的店家或景點。

特色：提供景點或店家的優惠訊息與特殊活動的時間。

注意事項：各種與店家或景點相關不可不知的規定與訊息。

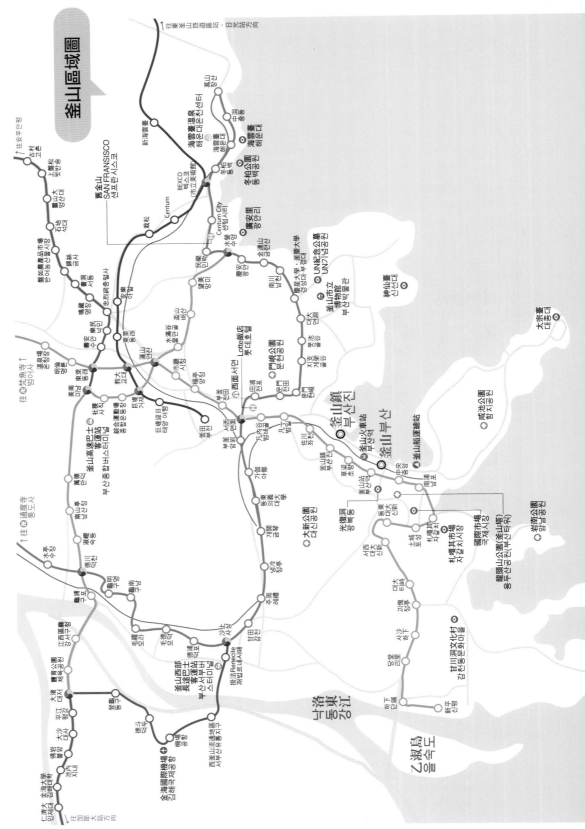

釜山區域圖

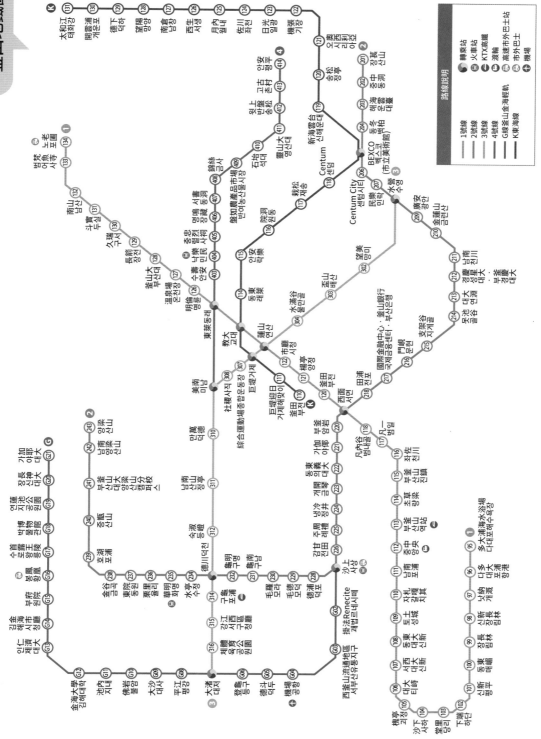

釜山地鐵圖

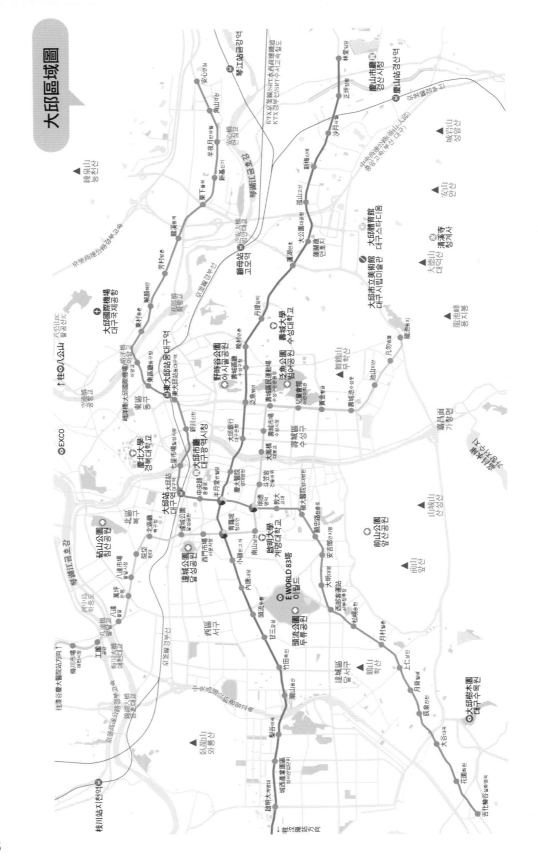

大邱區域圖

大邱地鐵圖

路線說明
轉乘站　火車站　KTX高鐵　市外巴士　機場
1號線
2號線
3號線

1號線

- 146 安心 안심
- 145 角山 각산
- 144 半夜月 반야월
- 143 新基 신기
- 142 栗下 율하
- 141 龍溪 용계
- 140 芳村 방촌
- 139 海安 해안
- 138 東村 동촌
- 137 大邱國際機場 아양교
- 136 東大邱 역站 동대구역
- 135 新川 신천
- 134 七星市場 칠성시장
- 133 大邱站 대구역
- 132 中央路 중앙로
- 131 半月堂 반월당
- 130 明德 명덕
- 129 嶺大醫院 영대병원
- 128 教大 교대
- 127 大醫院 대명
- 126 顯忠路 현충로
- 125 安吉 안지랑
- 124 大明 대명
- 123 西部停車場 서부정류장
- 122 松峴 송현
- 121 月村 월촌
- 120 上仁 상인
- 119 月背 월배
- 118 辰泉 진천
- 117 大谷 대곡
- 116 花園 화원
- 115 雪花·花谷 설화명곡

2號線

- 216 汶陽 문양
- 217 多斯 다사
- 218 大實 대실
- 219 江倉 강창
- 220 啓明大 계명대
- 221 城西產業園園地 성서산업단지
- 222 梨谷 이곡
- 223 龍山 용산
- 224 竹田 죽전
- 225 甘三 감삼
- 226 頭流 두류
- 227 內唐 내당
- 228 青蘿坡西門市場 청라언덕
- 229 半月堂 반월당
- 230 慶大醫院 경대병원
- 231 中央路 대구은행
- 232 泛魚 범어
- 233 壽城區廳 수성구청
- 234 晚村 만촌
- 235 淡村 담티
- 236 蓮湖 연호
- 237 大公園 대공원
- 238 孤山 고산
- 239 新梅 신매
- 240 沙月 사월
- 241 正坪 정평
- 242 林堂 임당
- 243 嶺南大 영남대
- 244

3號線

- 312 漆谷慶大醫院 칠곡경대병원
- 313 鶴亭 학정
- 314 八莒 팔거
- 315 東川 동천
- 316 漆谷雲岩 칠곡운암
- 317 鳩岩 구암
- 318 太田 태전
- 319 梅川 매천
- 320 梅川市場 매천시장
- 321 八達 팔달
- 322 工團 공단
- 323 萬坪 만평
- 324 北區廳 북구청
- 325 達城公園 달성공원
- 326 西門市場 서문시장
- 327 達城公園 달성공원
- 328 南山 남산
- 330 明德 명덕
- 332 建岩 건들바위
- 333 大鳳橋 대봉교
- 334 壽城市場 수성시장
- 335 壽城區民運動場 수성구민운동장
- 336 兒童會館 어린이회관
- 337 黃金 황금
- 338 壽城池 수성못
- 339 池山 지산
- 340 凡勿 범물
- 341 龍池 용지

9

釜邱進市區 地鐵大解析

從釜山的金海機場、大邱的大邱機場,都有不同的交通方式可以進入市區。順利出關後,真正緊張的時刻終於到來。從機場怎麼到飯店?應該搭乘什麼交通工作比較方便?在陌生的地方該怎麼找路?以下是由金海機場及大邱機場出發,以及市區的交通工具全剖析。

韓國與台灣自動通關即起生效

韓國一直是國人熱愛的旅遊目的地之一,遇到連假或旅遊旺季,入境審查時經常得大排長龍,想要節省通關的時間?不妨先申請SeS自動通關(Smart Entry Service)。

至於要怎麼申請自動通關?首先必須是入境免簽者才可以使用,申請對象需年滿17歲、晶片護照效期得在6個月以上,此外無韓國犯罪紀錄,符合以上條件的人就能前往韓國各個機場的SeS服務櫃檯直接申請。申請成功後,護照會貼上SeS貼紙,下次入境韓國時就能直接使用。

值得注意的是,雖然SeS的使用資格為5年,不過真正效期等同你的護照年效,也就是說如果你的護照到期,即使SeS還在使用期限內,也會跟著失效。

◎SES自動通關機場服務地點

釜山金海機場國際機場:2樓出出國事務科(출국사무과),平日9:00~18:00(12:00~13:00午休)。

大邱國際機場:2樓大邱出入境機場遺失物室,平日9:00~18:00(12:00~13:00午休)。

從金海機場
進入釜山市區快易通

金海國際機場 김해국제공항
(機場代碼:PUS)

位於釜山廣域市江西區的金海國際機場,是韓國第二大國際機場,也是釜山航空的大本營。啟用於1876年,2007年時新增一座國際航廈,如今供國內和國際班機起降。目前台灣與釜山之間往來的直飛航空公司,有中華航空、台灣虎航、釜山航空、大韓航空、韓亞航空、濟州航空,飛行時間約2.5小時。

機場內有旅遊諮詢中心、便利商店、銀行匯兌櫃檯、郵局等設施,更多資訊可上官網:https://www.airport.co.kr/gimhae查詢。另外,在1樓大

在機場就先買張T-money卡吧！

T-money卡類似台北的悠遊卡，用它在市區搭交通工具超好用，如果你本來就要買T-money卡，不如在機場就先買先用，因為在機場搭乘金海輕軌、巴士或計程車都可以使用。T-money卡在出境大廳的便利超商就能買到。

◎儲值相關韓文

請幫我儲值。

충전 해주세요. (chung-jon hae-ju-sae-yo.)

英文也通！Recharge, please.

*如何要使用自動儲值機儲值，請參考P.23。

釜山金海輕軌 부산-김해 경전철

串連起釜山廣域市和慶尚南道金海市的釜山金海輕軌，以釜山沙上區的沙上站 (사상) 為起點，金海市的加耶大站 (가야대) 為終點，全長約23.5公里，2011年9月起全線通車。

全線共有21站，其中沙上站可以轉乘釜山地鐵2號線，大渚站 (대저) 可以轉乘釜山地鐵3號線。輕軌按照距離區間計算票價，可以購買單程票或使用交通卡。票價可參考下方表格：

種類	對象	交通卡費用		一次性車票費用	
		一段票	兩段票	一段票	兩段票
普通	滿19歲以上	₩1,300	₩1,500	₩1,400	₩1,600
青少年	滿13歲以上、滿18歲以下	₩1,000	₩1,150	₩1,100	₩1,250
兒童	滿6歲以上、滿12歲以下	₩650	₩750	₩750	₩850

*滿5歲以下兒童免費。

廳外，可以搭乘公車、計程車或金海輕軌 (轉地鐵)，前往市區。

輕軌轉地鐵 경전철＋도시철도

釜山金海輕軌經過金海國際機場，遊客可藉由輕軌轉搭地鐵前往釜山市區，讓機場交通選擇更多元。由於釜山金海輕軌是獨立的鐵道服務系統，因此車票無法和釜山地鐵相通，轉乘時需要另外購買地鐵車票。最方便的方法是使用交通卡，不但可以同時搭乘輕軌和地鐵，還可以享有車資優惠。

輕軌轉地鐵前往各地所需時間與價格參考

前往地點	所需時間*	普通車資 (單程票／交通卡)
沙上站	6分鐘	₩1,400／₩1,300
西面站	30分鐘	₩3,100／₩1,800
釜山站	45分鐘	₩3,300／₩2,000
南浦站	50分鐘	₩3,300／₩2,000
廣安站	55分鐘	₩3,300／₩2,000
海雲臺	60分鐘	₩3,300／₩2,000

*所需時間僅供參考，實際情況以候車時間和個人轉乘腳程而異。

➜ 如何搭乘輕軌轉地鐵？

1 離開國際航廈後過馬路到對面

2 右轉後一路直走，就能抵達輕軌站。

3 前往售票機購買單程票或儲值交通卡

5 確定行車方向，尋找搭乘月台。

6 等車入站後依序搭乘

4 前往驗票口，感應票卡入站。

7 抵達轉乘站後，驗票出輕軌站。

8 跟隨指標前往地鐵站

9 繼續沿著指標經過連通道

10 抵達地鐵站，轉搭地鐵。(如何搭乘地鐵請參考P.24）

機場巴士（利木津巴士）리무진

金海國際機場原本有兩條前往市區的豪華巴士路線，一條是穿梭於機場、西面、釜山火車站、南浦洞之間的釜山火車站路線，另一條則是往來於機場和海雲臺的海雲臺路線，不過目前這兩條路線都已確定停駛（海雲臺路線從2024年7月1日起停駛）。

公車 시내버스

公車乘車處位於國際機場的2號出口，優點是費用便宜，缺點是會花比較長的時間，而且沒有太多空間可以放置行李。其中307號公車，從機場前往海雲臺，沿途會經過東萊和Centum City等地鐵站，以及冬柏島入口和海雲臺海水浴場等。車資成人₩1,300，同樣可以使用現金或交通卡支付。

◎路線：金海機場(김해공항)→海雲臺(해운대)，
◎價格：₩1,300(現金價)，₩1,200(刷交通卡)

◎營運時間：5:15~23:30，約每14~18分鐘一班車。

計程車 택시

由於釜山市區距離金海國際機場不算太遠，如果搭乘紅眼班機，或是有人同行，也可以考慮計程車。計程車招呼站位於機場航廈外，過馬路到一半的中島，就能發現排班計程車。韓國計程車分為一般計程車和模範計程車兩種，兩者收費差異和標準如下：

分類		一班計程車	模範計程車
基本費用 （起步費）	最初	₩4,800/2km	₩7,500/3km
	額外	₩100/132m ₩100/33秒	₩200/140m ₩200/33秒
附加費	市外	30%	₩0
	夜間	視時間而異，20~30%	₩0

另外，以下為計程車前往各地所需時間與價格參考：

目的地	所需時間*	預估車資**	
		一般計程車	模範計程車
西面 （樂天酒店）	45分鐘	₩18,000	₩32,400
南浦洞 （札嘎其市場）	60分鐘	₩20,000	₩36,000
廣安里	70分鐘	₩25,000	₩45,000
海雲臺 （天堂酒店）	70分鐘	₩25,000	₩45,000

*所需時間僅供參考，實際時間視交通狀況而異。
**預估車資僅供參考，實際時間視交通狀況而異。

大邱機場
進入大邱市區快易通

大邱國際機場 대구국제공항
（機場代碼：TAE）

　　韓戰時由一條水泥碎石跑道和兩座混凝土建築組成的大邱國際機場，最初啟用於1937年，坐落於大邱廣域市東區的它，如今是一座由大韓民國空軍所有的小型國際機場。目前台灣與大邱之間往來的直飛航空公司，包括台灣虎航、德威航空、真航空，飛行時間約2.5小時。

　　機場內有旅遊諮詢中心、便利商店、銀行匯兌櫃檯等設施，更多資訊可上官網：http://www.airport.co.kr/daegu查詢。另外，在1樓大廳外，可以搭乘公車、計程車前往市區。

公車 시내버스

　　從機場走出來約100公尺就有公車站，搭乘公車前往市區車程約40分鐘。往返兩地的公車有101號、401號和急行1號（급행1），其中401號公車直達半月堂站。雖然大邱有自己的交通卡，不過搭乘公

車也可以使用現金或T-money卡。

　　成人車資一般公車現金₩1,400、交通卡₩1,250，急行公車現金₩1,800、交通卡₩1,650。

計程車 택시

　　一出機場大廳就能看到排班計程車，大邱機場離市區不遠，搭乘計程車到半月堂，大約只需要20分鐘，車資約₩10,000以內（夜間需加成20%），如果有同伴共同分攤車資，會是最快也最推薦的交通方式。

公車或計程車轉地鐵

　　由於大邱機場沒有地鐵直達，因此想搭地鐵的人，就必須藉由公車或計程車轉乘。101-1號、401號、急行1號、八公1號（팔공1）可到地鐵站峨洋橋站（아양교역）1號出口，除公車票價外，還要加上地鐵票價：成人現金₩1,400、交通卡₩1,250。

　　至於搭乘計程車轉乘地鐵，抵達最近的峨洋橋站計程車資為₩4,500以內，再加上地鐵票價。不過對於有大件行李的人來說，轉乘搬來搬去，實在不太方便，因此不太建議。

大邱國際機場交通方式比一比：

交通方式	車資	優缺點
計程車（半月堂）	₩10,000	快、舒適，不需搬行李，多人平分便宜划算。
公車	₩1,250~₩1,800	最便宜，需搬行李，耗時最長，行李上車佔空間，部分車種無法帶大行李上車。
公車轉地鐵	₩2,500~₩3,200	需轉乘、拉行李走來走去，不推薦帶大型行李的人。
計程車轉地鐵	₩5,750~₩5,900	搭乘計程車至最近的地鐵站約₩4,500，只需再加120台幣左右就能輕鬆到半月堂。

從首爾前往釜山／大邱、釜山與大邱之間的陸地交通快易通

鐵路 철도

如果想要從首爾前往釜山、大邱，或是釜山往來大邱，可以利用韓國鐵路系統，以下提供各車種所需時間與一般席／標準座位票價：

車種	車站	時間	價格	備註
KTX	首爾→釜山	約2.5~3小時	₩59,800	首爾前往釜山／大邱最多人選擇搭乘的車種
	首爾→東大邱	約2小時	₩43,500	
	釜山→東大邱	約50分鐘	₩17,100	
無窮花號	首爾→釜山	約5~6小時	₩28,600	車資最便宜的車種
	首爾→東大邱	約4小時	₩21,100	
	釜山→東大邱	約1.5小時	₩7,500	
ITX新村號	首爾→釜山	約4.5小時	₩42,600	行車時間和票價介於KTX和無窮花之間
	首爾→東大邱	約3.5小時	₩31,400	
	釜山→東大邱	約1小時10分鐘	₩11,100	
SRT	首爾（水西站）→釜山	約2.5小時	₩51,800	比KTX快、車資又便宜，座位更寬大且舒適
	首爾（水西站）→東大邱	約1.5小時	₩36,900	
	釜山→東大邱	約50分鐘	₩15,400	

*此表詳列之價格、時間為2024年6月資料，實際運行狀況與票價請依營運單位為主。

KORAIL通票 KORAIL PASS

限定給外國旅客的KORAIL通票，分為彈性2日券、彈性4日券、連續3日券、連續5日券四種票券，是在韓國旅遊時使用的火車通行證，可以根據旅遊天數選擇需要的票券，在限定的天數內不限次數自由搭乘火車。

◎使用方法

透過韓國鐵道官網或是kkday、KLOOK等票券網站皆能購得。抵達韓國後，到仁川機場B1F 機場鐵道服務中心，或是韓國各地的火車站依列印出來的通票憑證及護照，換取實體票，並可指定一般車廂坐席（Seat）。

※需注意如搭乘車次無空位時無法預訂坐席，只能使用立席（Standing）車廂。

◎使用範圍

韓國境內所有路線的各級列車，包含高速鐵路KTX、特快車新村號以及快車無窮花號，不限區域和次數，自由搭乘。

◎不可使用

首爾、釜山等市內地鐵、特殊觀光列車、SRT列車。

◎票種與票價：

票種		成人票 （28歲以上）	青少年票 （13~27歲）	兒童票 （6~12歲）	團體票 （2~5人）
彈性票（初次乘車日算起，10天內使用完畢。）	2日	₩131,000	₩105,000	₩66,000	₩121,000
	4日	₩234,000	₩187,000	₩117,000	₩224,000
連續券（初次乘車日算起，連續使用3或5日。）	3日	₩165,000	₩132,000	₩83,000	₩155,000
	5日	₩244,000	₩195,000	₩122,000	₩234,000

➜如何網路查詢、預訂鐵路車票？

1 登入韓國鐵道公社（한국철도공사）官網https://www.letskorail.com，從右上角「語言」選擇中文介面。

2 選擇想要的行程區分（一般列車車票請選「通常」）、直達或轉乘、想要搭乘的日期與時間（可查詢或預訂未來1個月內的車票）、出發與抵達地點、列車種類，以及大人或小孩的乘客人數。

3 查看並挑選你想要的班次。
「特等室」（頭等艙）和「一般室/站席」（經濟艙）欄下方的選擇，如果是藍色字體，表示還有座位可以預訂。如果是黑色字體，表示已經沒有空位。
至於想了解票價的人，可以點「FARE」的放大鏡符號，會跳出另一個說明票價的視窗。

4 想預訂車票的人，點選想要搭乘的班次座席，接著會跳入車票預訂介面。填完個人資料後，記得在最下方「個人信息收集內容」部分打勾。接著點選「NEXT」。

5 確認個人資料以及搭乘班次資訊。選擇付款方式，然後點選「NEXT」。

6 刷卡付費成功後，會出現該次預訂資訊，可將頁面截圖留存。必須注意的是：搭車前必須前往火車站的售票窗口，列印出實體車票，才能搭乘！

如何查詢、補印或取消鐵路車票訂單？

想查詢訂單的人，可以進「我的訂單」中，輸入當時預定的姓名、電子郵件／信用卡號碼、國籍，以及預定搭車日（或月）搜尋。

至於想要取消或補印預訂單的人，則從「再出票／退票」中，點選想要的服務項目，輸入當時預定的姓名、電子郵件／信用卡號碼、國籍，接著同樣按下查詢鍵。想補印的人按「打印」，想退票的人按「取消」，並且在下一個頁面再次確認「CANCLE」即可。

＊請注意：發車前都可以在網路上申請退票，如果超過發車時間，就必須到火車站的窗口辦理。發車前一天可以免費取消，當天到發車前1小時取消，會收₩400手續費，發車前1小時內收票面價10%手續費，超過發車時間收票面價15%手續費。

如何查詢高速巴士班次

網路預訂高速巴士票，必須有本人認證的韓國電話號碼。對大部分沒有韓國電話號碼的外國遊客來說，只能到現場購票，不過還是可以透過高速巴士官網，先查詢班務時間，網頁除韓文外，也有中、英、日文，然後按照出發地和目的地搜尋即可。

高速巴士官方網站：https://www.kobus.co.kr

高速巴士 고속버스

如果人在首爾想要前往釜山、大邱，不在乎交通時間長短、想多少省一點錢的人，可以考慮搭乘高速巴士。首爾至釜山車程約需4~5小時，首爾至大邱車程約3~4小時，如遇塞車會更久，夜間票價會加成。至於從釜山到大邱車程約1.5小時。

◎**首爾搭乘地點**：首爾京釜高速巴士客運站（서울경부고속버스터미널）

交通方式：首爾地鐵3、7、9號高速巴士客運站

◎**釜山下車地點**：釜山西部巴士客運站（부산서부버스터미널）

交通方式：釜山地鐵2號線、釜山金海輕軌沙上站

◎**大邱下車地點**：東大邱站綜合換乘中心（동대구역복합환승센터）

交通方式：韓國鐵道、大邱地鐵1號線東大邱站

◎**票種與票價**：

車種	地點	價格	備註
一般高速巴士（일반고속）	首爾→釜山	₩27,300	一般巴士，座位窄小，無wifi。
		₩30,000（深夜）	
	首爾→大邱	₩20,300	
		₩22,300（深夜）	
	釜山→大邱	₩7,500	
		₩8,200（深夜）	
優等高速巴士（우등고속）	首爾→釜山	₩40,700	座位距離較寬，可以往後躺，無wifi。
		₩44,700（深夜）	
	首爾→大邱	₩30,000	
		₩33,000（深夜）	
	釜山→大邱	₩11,000	
		₩12,100（深夜）	
PREMIUM（프리미엄）	首爾→釜山	₩52,500	座位舒適間隔寬，有wifi、電視節目等可打發時間，座椅可平躺。
		₩57,700（深夜）	
	首爾→大邱	₩39,000	
		₩42,900（深夜）	

＊此表詳列之價格、時間為2024年6月資料，實際運行狀況和票價依營運單位為主。

釜山地鐵快易通

地鐵

　　地鐵無疑是遊歷釜山最重要的交通工具。地鐵便利性高，幾乎九成以上的景點都可以透過釜山地鐵到達，是釜山旅遊中最推薦的交通方式。

➜釜山地鐵路線大解析

　　比起密密麻麻的首爾地鐵線，釜山地鐵只有4條主要線路，加上釜山金海輕軌以及東海線電鐵，大多數知名觀光地點皆散布於地鐵1號線及2號線上，也是觀光客最常使用的地鐵線路。

➜如何解讀地鐵站

　　每個地鐵站，都會以韓、英、中文清楚標示出站名及地鐵站編號，這些數字就是這個地鐵站的代號，而圓圈圈的顏色，會與地鐵線在地圖上看到的顏色一致。

　　以「113」南浦站站為例，第一個數字「1」表示這是1號線，後面兩個數字「13」則是它在1號線上的編號；因為1號線一律以橘色顯示，所以圓圈圈是橘色。

如果一天要搭乘多次地鐵的人

除上述的儲值型交通卡，另有提供頻繁搭乘地鐵的遊客使用的優惠定期車票，需注意此類票卷不適用於金海輕軌路線或東海線等其他交通工具，僅限釜山都市地鐵使用。

定期車票票價

區分	票價	利用指南
一日票	₩6,000	購買當日不限區間、次數
三日票	₩21,000	3日內不限使用區段與次數
月票	₩45,000	30日內不限區段，最多使用45次。

　　如果某個地鐵站的標識上有2個包含3位數字的圓圈相連，則表示這個站有兩條地鐵線交會，圓圈裡面的數字都是同一個地鐵站的代號；如果有3個圓圈相連，表示它有3條地鐵線，以此類推。

➜票價表

交通卡類型	成人	青少年	兒童
儲值型交通卡	一段票₩1,600	一段票₩1,050	免費
	兩段票₩1,800	兩段票₩1,200	免費
一次性QR車票	一段票₩1,700	一段票₩1,150	₩700
	兩段票₩1,900	兩段票₩1,300	₩800

*備註：根據路程距離劃分一段票(10km以上)、兩段票(10km以上)。

釜山地鐵注意事項

在釜山搭乘地鐵，大多和台灣沒有兩樣，列車進站時，先靠邊站，讓車上的人先下車後才上車。必須注意的是，位於車廂兩側的博愛座，專門提供給殘障、長者或孕婦使用，一般人都不會去坐，如果不是上述對象，坐博愛座有時可能會遭到長輩指責！

公車

　　部分地鐵無法直接抵達的景點，或是出地鐵站後需要走一小段路的景點，如有同行友人可平分車資時，可多利用計程車；但如是單人旅遊，或是想享受慢旅行的人，可以選擇搭乘釜山公車，更能感受釜山在地生活。

　　釜山公車路線非常密集，多達134條，一般公車除車頭顯示數字外，車身也會寫上大大的路線數字，非常好辨認。搭乘時記得從前門上車，由後門下車，上下車都必須感應交通卡。下車前記得先按座位或車門附近的紅色下車鈴告知司機。

一般公車（藍/綠色）交通卡票價	長途公車交通卡票價	利用指南
₩1,550	₩2,100	上下車皆需刷卡片感應機

計程車

　　釜山市區計程車起跳價格比首爾便宜，一般計程車起跳價格為₩4,800，夜間加成或前往市外需加收20~30%，之後每132公尺或33秒加收₩100。另外還有一種模範計程車，起跳價格為₩7,500，之後每140公尺或33秒加收₩200，免收市外或夜間加成費用。因此，如有友人同行多人平分車資，有時甚至比搭地鐵還便宜。搭乘計程車除了付現以外，還可以刷卡或使用T-money卡支付車資。

釜山觀光巴士

　　只要買一張票，就可以整日不限次數利用四線觀光巴士，前往達釜山知名景點觀光！釜山觀光巴士（BUTI City Tour）原本有紅、藍、黃、綠四條城市觀光路線，不過目前藍線暫停營運。巴士路線涵蓋各大景點，讓你能節省移動時間，不需要預約，隨到隨上，運行時間為週三至週日，更多資訊可上官網查詢。

🌐http://www.citytourbusan.com
🚫週一、週二
💰成人₩20,000、4歲以上兒童和青少年₩10,000

各線營運時間與班次：

路線	往來	營運時間
紅線	釜山站↔海雲臺	首班車9:45、末班車16:35，每50分鐘一班。
綠線	釜山站↔太宗台	首班車9:30、末班車16:20，每50分鐘一班。
橘線	釜山站↔多大浦	首班車9:20、末班車16:20，每60分鐘一班。

大邱地鐵快易通

地鐵

　　來到大邱使用地鐵旅行非常方便及簡單,不似首爾忙碌且複雜的地鐵線,大邱只有三條主要地鐵線路,且觀光景點都集中於地鐵站附近,只利用地鐵旅遊也很方便。

➜大邱地鐵路線大解析

　　大邱都市鐵道由2條地鐵和1條單軌電車組成,線路十分簡單且類似台灣的捷運,非常容易理解和搭乘。大邱市區熱鬧的景點也相當集中,像是1號線半月堂站、中央路站及2號線慶大醫院站就是黃金三角地帶,其他像是3號線的西門市場站也是大邱必訪景點。

➜票價

交通卡類型	成人	青少年	兒童
儲值型交通卡	₩1,500	₩850	₩400
一次性交通卡	₩1,700	₩1,700	₩500

*若超過2小時未出站,將追加一次基本費用。

> **T-Money卡在大邱加值!**
> 大邱有自己的交通卡,雖然T-Money卡也可以在當地使用,卻無法像在首爾或釜山,直接使用地鐵站內的儲值機直接加值,當地地鐵站內的機器,只支援大邱當地專用交通卡的加值功能,因此如果使用T-Money卡等其他交通卡的人,必須前往便利商店(GS25、CU或emart24),請店員幫你加值喔!

公車

　　大邱公車大致可分兩種，行駛路線較短的市內巴士（시내버스）與路線較長的急行巴士（급행버스）。急行巴士為紅色車體，市內巴士根據行駛地區不同，車體顏色分有深藍、淺藍、綠色。

➤票價

區分		一般成人(滿19歲以上)	青少年(滿13~18歲)	兒童(滿6~12歲)
市內巴士(시내버스)	交通卡	₩1,250	₩850	₩400
	現金	₩1,400	₩1,000	₩500
急行巴士(급행버스)	交通卡	₩1,650	₩1,100	₩650
	現金	₩1,800	₩1,300	₩800

計程車

　　大邱有許多種計程車，一般計程車（車身通常為橘色或銀白色），起跳金額為₩4,000，夜間加成20%，至於模範計程車（車身為黑色）起跳價為₩5,500，沒有夜間加成。車資可以使用信用卡、T-Money卡或現金支付。

　　市區觀光景點距離相隔都不遠，很多時候搭計程車甚至連表都還沒開始跳就到目的地，跨地鐵站的景點普通車資也都在₩4,000~₩5,000左右，推薦多人同行時可多利用計程車。

　　除了路邊隨招計程車，另外非常推薦下載使用「kakao taxi」軟體，可以提前輸入上車與下車地點，並在搭車前事先了解大概車資與呼叫車輛到達所需時間，為行程移動做準備，此軟體不需要韓國電話就能使用。

❶ **使用時避免定位誤差情形發生，建議盡量複製韓文地點搜尋，定位會更加準確。**

大邱觀光巴士

　　大邱觀光巴士(DAEGU CITY TOUR)為大邱市區內循環觀光的雙層巴士，有8條專人導覽的主題路線，以及1條市中心循環路線。其中市中心循環路線帶領觀光客輕鬆探訪大邱12個觀光景點，適合沒有特別排定行程的人使用，能更快領略大邱城市之美。路線和更多訊息可上官網查詢：https://www.daegucitytour.com/data/leaflet_chb.pdf。

➤市中心巡迴路線

◎**發車地點**：東大邱火車站前city tour站點
◎**票價**：成人₩10,000，兒童、青少年₩8,000，小學生、老人₩6,000。
※持一張通票，可不限次數搭乘。
※價格不含參觀地點門票、餐費等其他費用。
◎**時間**：9:30~17:50
◎**休日**：週一、春節、中秋節
◎**路線**：1.東大邱站→2.金光石路→3.東城路·中央路站→4.近代文化胡同→5. 西門市場·青蘿坡站→6.頭流公園·E-World→7.前山日落瞭望臺→8前山公園·前山瞭望臺→9.高山谷恐龍公園·水杉路→10.壽城池→11.大邱美術館→12.東村遊園區

如何購買單程地鐵票

　　搭乘釜山、大邱市內地鐵只需在站內的自動售票機購買車票即可。需注意，釜山地鐵自動售票機只能購買一次性車票，如要購買交通卡，需至交通卡加值機購買(詳見P.23)。

➜購買釜山地鐵單程票

1 在地鐵站內尋找購票機

2 選擇「中文」，後點選「普通票發售」（1次性QR車票）。

3 從銀幕上的路線圖尋找目的地

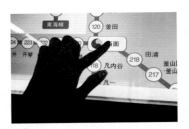

4 選擇想要前往的地鐵站

5 選擇想要的票種與數量

6 按照銀幕上顯示的金額投入現金，就能從票口取得車票。

➜購買大邱地鐵單程票

1 找到售票機，通常都會有包含中文在內的多國語言操作介面。

2 大邱地鐵不分目的地票價統一，直接選擇票種和張數。

3 依照銀幕上的金額投入紙鈔或硬幣即可。

如何使用交通卡販賣機

➜釜山地鐵票卡販賣機

1 找到票卡販賣機。

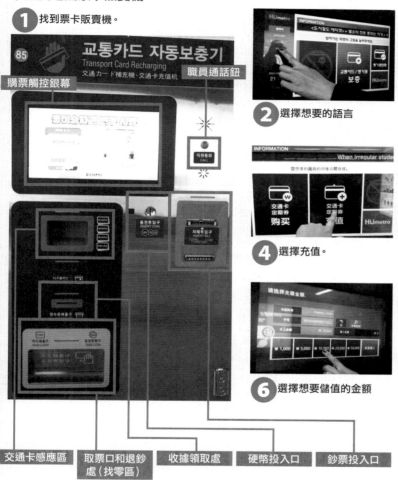

購票觸控銀幕

職員通話鈕

交通卡感應區　取票口和退鈔處（找零區）　收據領取處　硬幣投入口　鈔票投入口

2 選擇想要的語言

3 選擇「購買」或「充值」。

4 選擇充值。

5 將交通卡放在感應區

6 選擇想要儲值的金額

7 按照金額投入現金，等待儲值完成後，就能取走卡片。

➜大邱地鐵票卡販賣機

　大邱地鐵站內的票卡販賣機只販售和加值「大邱當地專用交通卡」，如是使用T-Money卡或CASHBEE的人，無法以該機器進行加值，或是購買大邱當地專用交通卡以外的卡片！大邱地鐵專用卡只限於大邱地區使用，對於來大邱短暫旅遊的旅人，並不建議特別購買。至於使用T-Money卡或CASHBEE的人，搭乘大邱地鐵前要確認卡片餘額是否足夠，如需充值則到便利商店(GS25、CU或emart24)進行。

如何搭乘地鐵

　　釜山和大邱搭乘地鐵的方式大同小異，由於釜山的地鐵路線比較複雜，因此這裡以釜山地鐵為例。

➜搭乘地鐵Step by Step

1 前往最近的地鐵站
2 按照指引前往閘口
3 依照終點站判定搭乘的方向
4 選擇方向後，從顯示綠色箭頭的閘口，感應票卡入閘。

5 在月台上候車
6 列車進站後，依序上車。
7 乘車時可以透過車廂內上方銀幕了解到站資訊，以及下車方向。

8 到站後下車
9 如需轉乘，跟隨月台指標前進。
10 不需轉乘的人，就按照出口指示前往。

11 從閘口感應票卡出站

如何地鐵轉搭東海線？
釜山地鐵1號線的教大站、2號線的BEXCO（市立美術館）站以及3號線的巨堤站，可以轉搭東海線。有交通卡的人，可以直接轉乘非常方便。
只要按照月台上的指引前往，就能連接到東海線的搭乘閘口，不過必須先感應票卡離開地鐵站，再從東海線的閘卡感應票卡入站，使用交通卡的人一樣能享有免費轉乘優惠。

搭乘交通工具手指韓文

搭公車時…

버스 公車
(ppo-sseu)

정류장 車站
(jongn-yu-jang)

이번 정류장은＿＿＿＿＿＿입니다. 本站是＿＿＿＿＿＿＿。
(i-bon jong-nyu-jang-eun ＿＿＿＿＿ im-nida)

다음 정류장은＿＿＿＿＿＿ 입니다. 下一站是＿＿＿＿＿＿。
(da-eum jong-nyu-jang-eun ＿＿＿＿＿ im-nida)

搭計程車時…

如不諳韓文建議行前可將目的地的「韓文地址」抄下，
搭車時直接拿給司機看，抵達住宿地時也別忘了拿張「名片」備用。

＿＿＿＿＿＿까지 가주세요. 請帶我到＿＿＿＿＿＿＿。
＿＿＿＿＿kka-ji ga-ju-se-yo.)

여기서 내려 주세요. 請讓我在這裡下車。
(yo-gi-so nae-ryo ju-se-yo)

영수증 주세요. 請給我收據。
(yong-su-jeung ju-se-yo)

트렁크를 열러 주세요. 請打開後車廂。
(teu-rong-keu-reul yol-ro ju-se-yo)

감사합니다. 謝謝。
(gam-sa-ham-ni-da)

搭地鐵
五天精采遊釜邱

文·圖／墨刻編輯部

釜邱這麼大，要怎麼玩最順、最盡興？ MOOK 為你貼心安排五天自由行行程，挑選釜山、大邱的必訪景點，想自行自由排列組合也可以，同時考量時間因素，以地鐵搭配KTX 高鐵。現在只要跟著我們走，就能玩得比別人更聰明！

第1天

天氣晴朗，拜訪迷人村落，欣賞釜山浪漫夜景。

Start 搭釜山地鐵1號線於土城站下，6號出口換乘巴士서구2在「감정초등학교.감천문화마을」站下車後步行4分，或換乘巴士사하1-1、서구2-2在「구감정류장」站下車後步行3分。

甘川洞文化村

坐落於山腳下的甘川洞，因呈階梯式聚集一起的彩色房子而知名，此處被喻為亞洲最美的村莊。(見P.54-55)

搭釜山地鐵1 號線於南浦站6號出口轉搭巴士7、71、508在「영선동백련사」站下車

在白淺灘文化村搭乘巴士1006，往太宗台方向在「태종대」站下車；或轉搭計程車，車資約₩6,000。

太宗台

太宗台是位於釜山影島上的一處自然公園，因海浪侵蝕海岸所形成的峭壁跟岩石結合成獨特的美景。(見P.72-73)

白淺灘文化村

緊臨大海以及上下階梯狀的建築方式，讓人不禁想起希臘地中海，絕美的景色也成為電影、綜藝節目的取景地。(見P.70-71)

搭釜山地鐵1號線於南浦站下步行約5分

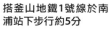

樂天超市 光復店

釜山滿好滿買就在這裡了！與南浦站8號出口直接連接的樂天超市，所有韓國必買伴手禮、零食一次買齊。(見P.69)

鑽石塔

位在龍頭山公園內的鑽石塔高120公尺，360度視野的展望台可俯瞰四周景色。離開後可到光復路逛街。(見P.66-67)

沿光復路步行約8分

第 2 天
涼風習習，陽光、藍天與白雲，一次看足釜山海景。

Start 搭釜山地鐵2號線於中洞站下步行約20分

沿海岸列車軌道步行約10分

海雲臺藍線公園（尾浦站）

昔日廢棄的東海南部線軌道，重新設計為全長4.8公里的觀光列車路線。分為行走路面的海岸列車和高空軌道的天空膠囊列車。(見P.96-97)

青沙浦踏石展望台

長達72.5公尺、高約20公尺的天空步道，猶如一隻藍色的龍蜿蜒於海上，據說靈感正是來自守護青沙浦的青龍。(見P.99)

搭海岸列車於尾浦站下步行約15分鐘

海雲臺

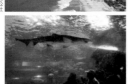

海雲臺是韓國著名的海水浴場，沿著海灘聚集眾多頂級飯店。步行街上美食雲集，SEA LIFE釜山水族館也很值得一遊。(見P.104-105)

西面

釜山鬧區，除獨立店面外也可以走逛地下街，西面市場附近聚集各色美食店，也別錯過拜訪KT&G想像庭院 釜山。(見P.120-125)

搭釜山地鐵2號線於田浦站下

搭釜山地鐵2號線於西面站下，或步行約15分。

田浦咖啡街

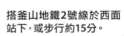

站外整整三條街林立著風格各異的店家，除了拍網美照必備的文青咖啡館，還有許多社群媒體上有名氣的點心店、麵包店助陣！(見P.112-115)

第3天

風和日麗，在主題樂園大玩特玩、折扣購物中心買到手軟。

Start 搭釜山都市鐵道東海線於奧西利亞站下，1號出口換乘1001、139號公車在「용궁사.국립수산과학원」站下車後步行1分。

釜山天際線斜坡滑車

搭乘空中吊椅上山，展開刺激的飆速旅程，可以選擇2~5次券，感受不同賽道帶來的樂趣與快感。(見P.131)

沿之前下車的公車站後方巷子步行約12分

海東龍宮寺

被喻為韓國最美的寺廟，也是韓國唯一一座建於海邊的佛寺。沿著海岸線石壁建造，不時拍打著海水的岩石海岸，更襯托出寺廟建築壯觀的景色。(見P.130)

釜山樂天世界

開幕於2022年3月31日的釜山樂天世界，占地約50萬平方公尺，以童話王國為主題，總共分為六個主題園區，除17項遊樂設施外還有各色表演值得一看。(見P.128-129)

搭1001號公車回奧西利亞站下步行約10分，或搭計程車(車程約6~10分)。

沿釜山樂天世界外圍步行約10分鐘

樂天名牌折扣購物中心東釜山店

白色燈塔的外觀非常醒目，齊聚國內外知名品牌的樂天名牌折扣購物中心，不只是購物商場，還結合了樂天超市以及樂天電影院等設施。(見P.129)

第4天
微風輕拂，坐纜車從高空俯瞰釜山、大邱絕美景色。

Start 搭釜山地鐵1號線於札嘎其站下換乘巴士6、30「안남동주민센터」站下車步行8分

松島天空纜車

　　橫穿海面感受飛越大海的驚心動魄，同時將松島海水浴場、釜山影島和南港大橋一覽無遺。（見P.63）

搭釜山地鐵1號線於釜山站下

釜山站

　　釜山站是韓國繼首爾站、東大邱站後第三多人使用的車站，是串聯大邱最方便的車站。就在這裡轉乘KTX前往大邱吧！出發前先吃碗美味的元祖本錢豬肉湯飯。（見P.76）

轉乘KTX、SRT或火車，在東大邱站下車(車程約50分~90分)。

東大邱站

　　東大邱站是大邱連接其他城市的重要門戶，剛下車可以先在車站內買個超紅的美味麵包嚐嚐鮮！（見P.156）

 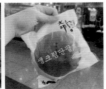

搭大邱地鐵1號線於安吉郎站下，4號出口換乘410-1號公車於「앞산공원」站下步行約15分，之後再轉搭前山纜車前往。

前山展望台

　　入韓國觀光100選，也是韓劇《金秘書為何那樣》的拍攝地，可以以180度的視野，一覽更加壯闊的大邱市區景觀。（見P.139）

 沿原路回到安吉郎站步行約8分

安吉郎烤腸街

　　韓式烤腸是大邱十味之一，在安吉郎站附近有條烤腸街，挑間喜歡的餐廳，品嘗當地特有的美味。（見P.135）

第5天

晴時多雲，遊逛大邱必訪名所，留下張張紀念照片。

Start 搭大邱地鐵1號線於半月堂站下

桂山聖堂

磚瓦結構的哥德式建築，採用拉丁十字結構，教堂兩側翼廊從位於中央的正殿延伸，裡頭點綴著彩繪玻璃，是大邱必訪的歐風教堂。(見P.143)

從桂山聖堂過馬路到對面即達

青蘿坡

走上3.1運動路的90級階梯，抵達大邱基督教發展之地青蘿坡，19世紀末三位傳教士的故居，讓人彷彿來到歐洲。(見P.145)

搭大邱地鐵3號線於達城公園站下

大邱藝術發展所

昔日的菸草製造倉庫，因都市再生成了文化藝術創造設施，主要供特展使用，也為藝術家提供工作室，1樓附設咖啡廳。(見P.169)

搭大邱地鐵3號線於青蘿坡站換乘2號線，在慶大醫院站下。

金光石街

以韓國歌謠界傳奇人物「金光石」為主題的壁畫街，總長350公尺的巷弄內可以遇見有關金光石的各類型創作，周邊更有眾多咖啡廳和甜點店。(見P.167)

樂榮燉排骨／星空想像七星夜市

七星市場站附近可以品嚐大邱必吃的燉排骨！樂榮排骨是當地的知名老店，鮮嫩的排骨令人吮指回味。或是前往位於河畔的星空想像七星夜市，吹著微風與友人分食夜市美味。(見P.155)

搭大邱地鐵2號線於半月堂站換乘1號線，在七星市場站下。

釜邱15處必玩景點

要去釜山、大邱旅遊,先看看釜邱有什麼好玩景點!觀光客必去的,或是適合拍美照的,或是當地人才知道的秘密景點,將釜邱好景一網打盡!

釜山・中洞站

① 海雲臺藍線公園
해운대블루라인파크

五顏六色的迷你天空膠囊列車行駛於高架軌道上,海岸列車則從地面穿梭於昔日東海南部線改建的鐵軌,兩種列車以不同的視野,讓人將將釜山東部美麗的海岸風光盡收眼底。**(詳見P.96-97介紹)**

釜山・海雲臺站

② 海雲臺
해운대

位在釜山東北海岸邊,擁有綿延2公里長的細白沙灘,為韓國著名的海水浴場,沿著海灘聚集眾多頂級飯店,讓此區如夏威夷海灘般,成為眾人夢想的度假天堂。**(詳見P.104介紹)**

釜山・廣安站

③ 廣安大橋
광안대교

全長7.4公里的廣安大橋是連接海雲臺區及水營區的跨海大橋,也是韓國第二長橋,更是釜山知名地標,夜晚點上 燈光更像座美麗的鑽石大橋。**(詳見P.110介紹)**

④ 影島大橋
영도대교

連接釜山市區與影島之間的重要橋梁,是釜山第一座連接陸地與島嶼的跨海大橋,每週六下午2點有開橋表演,開橋時播放的音樂也很受到遊客們喜愛。。(詳見P.69介紹)

釜山‧南浦站

⑤ 白淺灘文化村
흰여울문화마을

白淺灘文化村是最靠近大海的村落,特殊的街道也吸引眾多韓國綜藝節目、韓國電影特來取景拍攝。(詳見P.70-71介紹)

釜山‧土城站

⑥ 甘川洞文化村
감천문화마을

有釜山「馬丘比丘」之稱,原本只是避難者聚集形成的一個貧窮小村,經由改造後成為現在的甘川洞文化村,讓此處成為釜山旅遊必訪景點之一。(詳見P.54-55介紹)

釜山·札嘎其站

⑦ 松島天空纜車
송도해상케이블카

橫穿海面上方的松島天空纜車是釜山旅遊的經典行程之一，纜車車廂在夜晚時會發出彩色的光，遠遠看就像一堆彩色泡泡在空中飄，超級可愛！**(詳見P.63介紹)**

釜山·札嘎其站

⑧ 松島龍宮雲橋
송도용궁구름다리

長127公尺、寬2公尺，松島龍宮雲橋的尾端環繞東島一圈，圓形的步道讓人可以擁有360度的視野，將海水浴場、纜車和天空步道等松島景色一覽無疑。**(詳見P.62介紹)**

釜山·奧西利亞站

⑨ 釜山樂天世界
롯데월드 어드벤처 부산

釜山樂天世界除了超刺激的遊樂設施之外，也有專屬於小朋友的主題園區，樂園內還有各式各樣的表演，加上五花八門的商店和選擇眾多的餐廳，可以玩上大半天。**(詳見P.128-129介紹)**

⑩ 釜山天際線斜坡滑車
스카이라인 루지 부산

就算不會開車也可以玩釜山天際線斜坡滑車！只要學會剎車和變換方向，大人小孩都可以體驗刺激快感。初次騎乘前會有工作人員進行教學，讓你體驗安全又刺激的飆速快感。(詳見 P.131介紹)

大邱・半月堂站

⑪ 桂山聖堂
계산성당

美麗的歐風建築因位於市區中心，是大邱旅遊必遊景點之一，春天時聖堂前櫻花樹滿開，更是最美的打卡景點。(詳見P.143介紹)

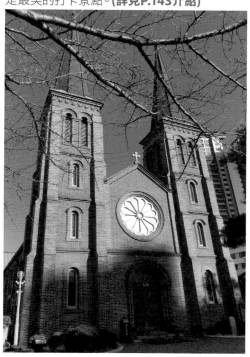

大邱・半月堂站

⑫ 青蘿坡
청라언덕

青蘿坡的韓文原意為「爬滿藤蔓的山丘」，盡頭還聳立著一座大教會，這裡有傳教士故居以及其他具有紀念意義的古蹟可供參觀。(詳見 P.145介紹)

大邱・慶大醫院站

⑬ 金光石街
김광석 길

為紀念已故的音樂才子金光石而打造的街區，街區內有許多壁畫與裝置藝術可以欣賞，附近更是集結眾多文青咖啡廳。**(詳見P.167介紹)**

⑮ 八公山
팔공산케이블카

八公山擁有豐富的四季景色，是當地人大多會推薦給外國遊客的大邱景點之一，若想輕鬆的探訪美麗的山景，八公山纜車就是最好的選擇。**(詳見P.160介紹)**

大邱頭・流站

⑭ E-World & 83塔
대구이월드 & 83타워

E-World是韓劇《舉重妖精金福珠》的拍攝地，除刺激的遊樂設施外，瀑布、燈光、花園等歐風造景都非常適合拍照和約會。83塔也是大邱最具代表性的景點之一，很推薦傍晚前往欣賞絕美夜景。**(詳見P.164介紹)**

釜邱20道必嚐美食

美食是完美旅程中重要的一環,除了拜訪景點大飽眼福之外,當然也得滿足你的胃肚,釜山、大邱旅遊究竟有哪些不能錯過的必吃美食?

釜山
❶ 豬肉湯飯 돼지국밥

釜山最具代表的美食之一!關於豬肉湯飯的由來,有一說是韓戰時期,釜山難民撿了美軍部隊裡不要的豬骨、豬頭肉、豬內臟做成雜碎湯飯,結果意外的味道可口,便流傳至今。每家店的對豬肉與湯頭的料理方式不同,湯飯口味也會有些許的差異。

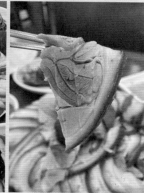

釜山
❷ 豬腳 족발

不同於台灣滷得油油亮亮的豬腳,韓國豬腳不但不油膩,而且肥肉非常Q彈,釜山還有特別的吃法:以涼拌的方式搭配小黃瓜、泡菜、紫蘇葉等小菜享用,畫龍點睛的還有各家不同的沾醬,有點辣、帶點酸甜,讓人停不下來!

釜山
❸ 大閘蟹 대게

若要在台灣吃蟹肉吃到飽吃到爽,常常荷包會瘦到令人想尖叫!來到靠海的釜山,當然不能錯過吃海鮮的機會,相較於台灣高昂的蟹價,在釜山可以用CP值相對高的價格大快朵頤一番。

釜山
❹ 生魚片 생선회

在釜山札嘎其魚市場,每天都有大量的新鮮魚獲進港,老饕們又怎能錯過吃超新鮮生魚片的機會呢?除了札嘎其魚市場,在白淺灘、太宗台等知名靠海景點,也有海女奶奶們將親自下海捕獲的魚貨直接在岸邊販售。

釜山
⑤烤貝 조개구이

不敢吃生魚片？那就吃烤貝吧！又大又肥的各式貝類與海鮮，擺在烤盤上烤到讓人口水直流，通常老闆還會提供一大把起司絲，任客人灑在烤貝上加料，美食當前，沒有熱量的問題！

釜山
⑥黑糖堅果餅 호떡

白胖胖麵團先煎後炸，變得金黃後撈起從中間劃開塗抹上黑糖，再塞入大把堅果，成了人氣街邊小吃！相較於傳統黑糖餅，加了堅果的黑糖餅有堅果中和甜味，比較不會那麼死甜，更好入口。

釜山
⑦釜山魚糕 오뎅

許多首爾魚糕店想要強調自己的魚糕好吃、真材實料，常常會標註「釜山產」字樣吸引客人，而在釜山最為著名的魚糕店，當屬連鎖店一家一家開的「古來思魚糕」囉！

釜山
⑧小麥麵 밀면

以牛、豬或雞的骨頭或肉，加上大量藥材與蔬菜熬煮湯頭的小麥麵，湯汁裡漂浮著碎冰，加上一坨辣醬，吃起來有點酸有點辣，加上小麥麵的甜味，不但非常開胃，口感也很豐富呢！

釜山
⑨奶奶油豆腐包
할매유부전골

富平罐頭市場內的奶奶油豆腐包也是釜山必訪小吃之一！油豆腐包中間包裹著韓式冬粉，就像是韓國式的淡水阿給。碗裡裝上滿滿的魚糕、魚板和油豆腐包，還可以免費續湯。

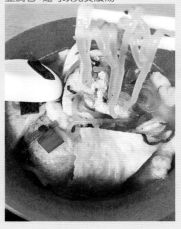

釜山
⑩鱈魚湯 대구탕

喜歡吃海鮮的人，千萬別錯過鱈魚湯。湯中厚切的魚肉非常鮮嫩，搭配自帶鮮甜的原味魚湯，讓人一吃上癮。喝完後感覺非常舒暢，除了正餐以外，也有很多韓國人把它當成解酒湯來吃。

釜山
⑫韓國烤肉 불고기

「來韓國就是要吃肉啊！」感覺韓國旅遊如果沒吃到烤肉就會留下遺憾，無論是預算較高的韓牛，或是平民普遍可接受的烤豬三層肉，為了不讓韓國之旅留下遺憾，不管什麼肉都很值得一吃！

釜山
⑪東萊蔥煎餅
동래파전

東萊不只有溫泉，還有大名鼎鼎的蔥煎餅。據說朝鮮時代東萊府使把這道最具傳統風味的美食獻給了國王，成了帝王級的美味！整把青蔥入菜，加入海鮮或牛肉，吃的時候沾點醋辣椒醬，美味更加升級。

大邱
⑬炸雞 후라치킨

炸雞也是韓國旅遊行程中必出現的一道美食，即使已經吃撐喝飽，還是要點個炸雞當宵夜。不說還不知道，深受外國人喜愛的橋村炸雞正是從大邱起家的呢！每家炸雞店都有豐富且多樣的口味，可以多方比較後再挑選喜歡的炸雞店。

釜山
⑭龍宮炸醬麵
용궁해물쟁반짜장

位於海東龍宮寺入口處的龍宮炸醬麵，最招牌的料理就是托盤炸醬麵，帶點微辣的炸醬麵佐以大量海鮮，更捨去韓國普遍一份料理至少兩人起才能點餐的規則，就算只點一人份也可以。

大邱
⑯燉排骨 찜갈비

大邱著名美食「燉排骨」，有名到甚至有一整條街都是販售燉排骨的店。大邱的燉排骨又有人稱作「排骨蒸」，將排骨燉至軟嫩又入味，部分店家辣度可做調整，除豬肉外也有提供牛肉的店家。

釜山
⑮機張手工刀削麵
기장손칼국수

位於西面市場內，便宜又大碗的手工刀削麵，現點現切現煮，店內常常都是人來人往絡繹不絕。湯頭帶點鯷魚湯鮮甜清爽的味道，厚實的刀削麵條吃起來超有嚼勁，早早就開始營業的市場特點，也很適合作為早餐食用。

大邱

⑰炸雞胗 닭똥집

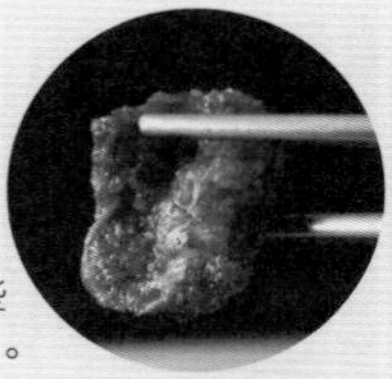

除了烤腸街外，大邱還有炸雞胗街，這種原本是雞肉攤商送給顧客食用的小禮物，沒想到卻大受好評，逐漸演變成在地美食。各家雞胗調味方式不同，有些店家還提供搭配魷魚或蝦子的升級組合。

大邱

⑱烤腸 막창구이

曾經獲選為韓國五大美食之一的烤腸，可說是下酒良伴。起源於大邱的烤腸指的是大腸頭（막창），也可以點小腸（곱창），沾上加了蒜、蔥的醬料一起享用，更是美味。

大邱

⑲大邱扁餃子 납작만두

扁餃子是大邱特有美食，煎過的餃子有的會包入冬粉，有些則沒有內餡，吃起來像是煎得邊緣酥脆的水餃皮，每家店家吃法也有些許不同，有些是直接吃原味、配醃蘿蔔或是醬油，或是配上辣炒年糕的醬汁一起吃。

大邱

⑳紅豆麵包 팥빵

大邱麵包店不少，紅豆麵包更是其中的明星商品。不過各家做法不同，像是「起 麵包匠人紅豆包」以奶油紅豆麵包為招牌，「大邱近代胡同紅豆麵包」因爆漿紅豆包大受歡迎，「三松麵包」則推出麵包皮口感特殊的菠蘿紅豆麵包……

釜山×5・大邱×3
釜邱精選8間咖啡廳

韓國的咖啡文化相當興盛，各家咖啡廳更是使盡全力打造出百樣風格，在旅行途中感到疲累時，不妨隨選一家美店坐一坐、喝杯咖啡，咖啡廳的絕美裝潢更讓你美照拍不停！

① 釜山・札嘎其站
EL 16.25

位於岩南公園附近，這家咖啡廳結合烘焙工房和麵包店，除了麵包、甜點選擇眾多之外，還有各種風格的座位任你挑選。不只是位於頂樓的夢幻大型半球罩式透明包廂，無論坐在哪裡，都能看到松島美麗的無敵海景，以及在空中來回穿梭的海上纜車。**(詳見P.64介紹)**

釜山 · 南浦站

② Café Jimmy
카페지미

彷彿韓劇場景中才會出現的超厲害海景窗，位於白淺灘文化村的「Café Jimmy」，豐富的飲品菜單隨著季節變換，老闆娘也會更換新鮮水果飲品，搭配手繪菜單與英文作輔助，幫助客人更容易了解飲品內容。**(詳見P.70-71介紹)**

釜山 · 中央站

③ Good ol'day
굿올데이즈카페

名稱來自「美好的昔日時光」，這間咖啡廳散發著滿滿的文青氣息。店內甜點師傅當天製作的各色甜點中，最推薦蛋塔，咖啡除牛奶外也提供燕麥奶。此外，明信片牆和展示各項文具的桌子，讓你可以完成一張獨一無二的未來明信片！**(詳見P.75介紹)**

釜山・奧西利亞站

④ CORALANI
코랄라니

釜山2023年洗板IG、最紅的海景咖啡廳之一。清水模的外觀,有兩大區階梯式露天沙發,完全面海就像要走進湛藍的海水一般,天氣好時經常一位難求。其他大片落地窗邊或是窗前露台的座位,也都能欣賞到絕美海景。**(詳見P.131介紹)**

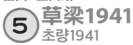

⑤ 草梁1941
초량1941

前身是一棟興建於1941的日本房舍,位於山上望洋路的草梁1941,如今搖身一變成了咖啡廳,散發著濃濃日式風情。白色的牆壁搭配大量木頭家飾,裝飾著昔日的用品,讓人感覺時光彷彿不曾在此流逝,,來到這裡感覺分外沉靜。**(詳見P.81介紹)**

⑥ Sungdangmot VILL Café
성당못 빌

這裡以擁有超大片美麗落地窗聞名,刻意採用度假風格的藤編傢俱作點綴,讓人在此休憩的同時,更增添一份悠閒感。位於三樓的斜屋頂天窗外種滿綠色的大樹,光是坐在大窗前拍照,就能輕鬆獲得美照一張!**(詳見P.134介紹)**

大邱・大明站

Green Face Café
그린페이스카페

由三位年輕歐爸籌備多年的特色主題咖啡廳,結合咖啡、照相館、戶外野餐租借,可以滿足在美麗樹林或草原上野餐的夢想,想要給自己的大邱之旅留下與眾不同回憶與照片的人,千萬別錯過這裡!**(詳見P.134介紹)**

大邱・西門市場站

Romance Papa
로맨스빠빠

Romance Papa是間傳統木造韓屋咖啡廳,店內設有多種不同的座位區,包廂內散發濃濃的復古味,就連飲料杯也特意挑選童趣十足的杯子,如果喜歡復古風格,很推薦到此坐坐。**(詳見 P.171介紹)**

45

韓國超市必敗TOP20

在韓國，樂天集團光是超市就超過120間以上，規模有大有小，不只牽動韓國人的日常生活，更受到外國觀光客的喜愛。尤其隨著觀光旅遊的興盛，加上超市購物消費滿₩15,000以上能現場辦理退稅後，更是激起遊客們掃貨的鬥志。

❶辛拉麵

價格便宜又好吃，韓國人心中永遠的第一名！

❷真拉麵

和辛拉麵推出時間差不多，口碑也不錯，分辣味與原味，杯麵比較好吃！

❸辣雞麵

人氣超旺的黑色辣雞麵擁有中毒般的辣度，讓人又愛又恨，嗜試辣之人吃過後會想念的一款拉麵！

❹海鮮辣湯麵

由韓國名廚李連福親自調配出最棒口味的海鮮辣湯麵

❺安城湯麵

超市常看到的拉麵品牌，口感偏清爽版的辛拉麵。

❻巧克力棒

韓國復古餅乾，酥脆的外層餅乾搭配濃厚的巧克力內餡。

❼巧克力派

有LOTTE、情及海太OH YES巧克力派，口感各有不同。

❽韓國金牛角

口感外觀都激似台灣金牛角的一款餅乾，口味多樣，極推辣味。

❾預感烤洋芋片

預感洋芋片以烘焙而成，口感不油膩外也更有香氣。

⑩Binch巧克力餅

受歡迎程度就連在地鐵自動販賣機都有賣的韓國超市必買餅乾！

⑪青葡萄糖

富含12%的果汁，含在嘴裡可以感受青葡萄在口中跳躍的美味口感。

⑫香油

菜餚只要加上一點香油，就是滿滿的韓料風味。

⑬辣椒醬&大醬

買一組回家，在家就能煮出正統韓國料理！

⑭調味粉

調味各式佳餚的粉末，炒碼麵、辣炒年糕、部隊鍋，在家中也能重現韓式美味。

⑮辛奇

推薦買夾鏈袋真空包裝的辛奇，美味且攜帶方便，小容量包裝不易壞。

⑯海苔

到韓國必買的海苔，用來包飯、單吃都美味。

⑰香蕉牛奶

韓國國民飲料，另有草莓、哈密瓜、咖啡及輕爽版香蕉牛奶。

⑱甜米釀

由Paldo出產的傳統甜米釀，是洗完汗蒸幕後必喝飲料！

⑲啤酒

韓國人常喝的牌子為CASS與Hite，以及近年來因孔劉代言打響名號的Terra。

⑳燒酒

原味燒酒口感灼辣燒喉，相較下水果燒酒顯得親切可愛，各有擁護者。

掃貨前的大提醒！

注意！臺灣人最愛搬貨的商品第一名當然是韓國泡麵啦！但是近年受到非洲豬瘟疫情影響，臺灣也加強管制、檢查從韓國入境臺灣的行李檢查作業，建議避免攜帶含肉商品(泡麵、罐頭)回臺喔！

喝 酒 不 開 車 · 開 車 不 喝 酒

釜山地鐵1號線
부산 도시철도 1호선

Data
起訖點_多大浦海水浴場站⟷老圃站
通車年份_1985
車站數_40個
總長度_40.4公里
起訖時間_約05:04~23:11(各起站不一)

地鐵1號線是釜山第1條地鐵線,自1985年開通營運,橫跨釜山市內的沙下區、西區、中區、東區、釜山鎮區、蓮堤區、東萊區及金井區。1號線上有釜山前往各地最重要的火車大站——釜山站,並行經購物商圈南浦洞、海鮮市場札嘎其,也可從土城站前往最知名的彩虹村甘川洞,在西面站可換乘2號線,東萊站與4號線交錯,除了是釜山當地人最常使用的線路,釜山主要觀光景點也齊聚在1號線上。

釜山地鐵 **①** 號線

札嘎其站

聚集許多海產商人的札嘎其市場為最知名景點,周邊包含了許多當地市場,BIFF廣場、有好吃的奶奶油豆腐包的富平罐頭市場、國際市場等。想到松島觀光的話,從札嘎其站出發也很方便!

札嘎其市場
擁有100多年歷史的札嘎其市場,是釜山規模最大的海產市場,集結上百家店家,賣的全是剛捕撈上來的各式魚類、海產。

松島海上纜車
總長1.62公里、最高達62公尺的松島海上纜車,騰空穿過海面感受驚心動魄的同時,還能將松島海水浴場、釜山影島和南港大橋一覽無遺。

南浦站

南浦商圈可說是釜山的「明洞」,各大運動品牌、國際精品、樂天超市皆可在這一網打盡,喜歡購物觀光行程路線的朋友,南浦站絕對要排第一站!

釜山鑽石塔
儘管塔高只有120公尺,卻因為所在地勢較高,可以居高臨下的視野欣賞釜山港一帶的景色。白天風光明媚,夜景也很迷人。

影島大橋
影島大橋是連接南浦洞與影島之間的橋梁,原為日據時期輸送人群而建造,每週六下午2點的開橋儀式,是最受歡迎的拍照定點!

土城站

有「釜山馬丘比丘」之稱的甘川洞文化村,從土城站換乘公車或計程車都是最快、最省車資的方法,幾乎是大部分遊客釜山之旅的必經車站之一。

甘川洞文化村
呈階梯式聚集一起的彩色房子,在2012年日本福岡舉行的亞洲都市景觀獎上,被選為亞洲最美的村莊,也是釜山必遊景點之一。

中央站

中央站與釜山港國際客運碼頭相鄰,主要景點包括40階梯文化觀光主題街,以及釜山電影體驗館,讓人穿梭在不斷向上延伸的階梯與坡道間。

特麗愛3D美術館
有5個主題裝飾房間,以數十幅壁畫讓你拍個夠。利用錯視效果,產生以假亂真的畫面,如果下載應用程式,還能看見瞬間活起來的靜態場景。

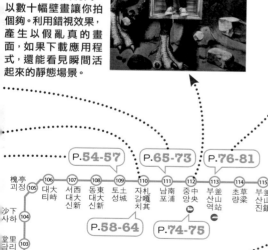

釜山站

釜山站結合地鐵站和韓國鐵道車站,也是韓國繼首爾站、東大邱站後第三多人使用的火車站。承載釜山歷史與文化的草梁故事路,是該站最知名的景點,附近也有不少知名餐廳。

168階梯
168階梯過去是山腹道路前往釜山港的捷徑,總共由6層樓高、168級階梯組成,爬起來有些費力。如今階梯兩旁出現幾家特色小店和藝廊,台階上裝飾著可愛的房屋造型磁磚,沿途還有幾座觀景臺可以眺望釜山風光。

多大浦海水浴場站

多大浦海水浴場站周邊最重要的景點就是多大浦海水浴場和多大浦夢幻夕陽噴泉,以及鄰近的天鵝生態步道。來到這裡也可以步行或搭乘計程車的方式,前往位於山腰上的峨眉山展望台。

多大浦海水浴場
長900公尺、寬100公尺的多大浦海水浴場,因交通方便、水溫溫和、水深不深、沙質細緻且沙灘平緩,特別適合一家大小前來戲水。

天鵝生態步道
延伸於多大浦海水浴場旁的木頭棧道,在蘆葦搖曳的Y字型岔路上,能夠欣賞到濕地生態。日落後,又搖身一變成為電影場景般夢幻。

地鐵站名:
梵魚寺 범어사 노포 134
南山 남산 132　　魚 어 133
斗實 두실 131
久瑞 구서 130
長箭 장전 129
釜山大 부산대 128
溫泉場 온천장 127
明倫 명륜 126
東萊 동래 1 4
教大 교대 1 K
蓮山 연산 1 3
市廳 시청 122
楊亭 양정 121
釜田 부전 120
西面 서면 1 2
凡內谷 범내골 118
凡一 범일 117
槐亭 괴정 105　　大田峙 대티재 106
西大新 서대신 107
東大新 동대신 108
土城 토성 109
자갈치 札嘎其 110
南浦 남포 111
中央 중앙 112
釜山站 부산역站 113
草梁 초량 114
釜山鎮 부산진 115
佐川 좌천 116
沙下 사하 104
堂里 당리 103
下端 하단 102
新平 신평 101
東梅 동매 100
長林 장림 99
新長林 신장림 98
納沏 낫개 97
多大浦港 다대포항 96
多大浦海水浴場 다대포해수욕장 95

P.54-57
P.58-64
P.65-73
P.74-75
P.76-81
P.52-53

Stop by Stop零殘念精華路線推薦
達人帶你玩
釜山地鐵1號線

土城站
1 甘川洞文化村
建議參觀時間：90~120分鐘
與彩虹小屋拍美照，或是找間咖啡廳悠閒度過。(見P.56-57)

南浦站：影島
2 白淺灘文化村
建議參觀時間：90~120分鐘
緊臨大海以及上下階梯狀的建築方式，讓人不禁想起希臘地中海。(見P.70-71)

札嘎其站：松島
3 松島海上纜車
建議參觀時間：60~90分鐘
坐上松島海上纜車橫穿海面，一覽最美釜山海景。(見P.63)

多大浦海水浴場站
4 多大浦海水浴場
建議參觀時間：60~90分鐘
除了玩水，也是釜山欣賞夕陽地點之一，4~10月還有音樂噴泉。(見P.52)

南浦站
5 樂天超市光復店
建議參觀時間：60~90分鐘
跟韓國人一起在這裡以划算的價格，購買好吃零食、泡麵和民生用品。(見P.69)

東萊站
　西元8世紀的新羅時代這裡就設立了東萊郡，過去釜山原本是它的一部分！散發出濃濃歷史氛圍的東萊邑城，顯得相對幽靜，讓人感覺這個老城區似乎未曾受到時間的干擾與影響。

東萊邑城
東萊邑城是釜山的代表性城郭，朝鮮時代建立，高處有四道城門作為防禦及監視之用。到了秋季，這處遺址成為熱門賞楓景點。

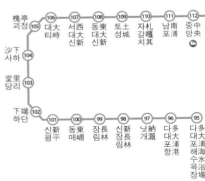

溫泉場站

　　往東萊站、溫泉場站方向是接近釜山綠意的好地方，也是觀光客較少前往的景區，山城、古蹟及寺廟都集結於此。

金剛公園
位在金井山下方的金剛公園，因蔥鬱樹林及奇岩異石成為釜山市民熱門的登山路線，搭上纜車還能登上金井山城。

釜山大站

　　釜山大學附近錯落著服飾店、百貨公司、咖啡館、酒吧和餐廳等店家，可以買到不少物美價廉的東西，也能發現CP值高的餐廳，而且越晚越熱鬧。

釜山大學咖啡街
大學與地鐵站之間有塊小區域，發展出走兩步就是一間咖啡廳的咖啡街，且裝潢各有各的獨特魅力，甚至大型兩層樓的咖啡廳比比皆是！

범어사站
梵魚寺 133
노포圖 老圃 134
남산 南山 132
두실 斗實 131
구서 久瑞 130
장전 長箭 129
P.88-91
부산대 釜山大 128
온천장 溫泉場 127
명륜 明倫 126
P.86-87
1 4 동래 東萊
1 K 교대 教大
P.84-85
1 3 연산 蓮山
시청 市廳 122
양정 楊亭 121
부전 釜田 120
서면 西面 1 2
P.82-83
범내골 凡內谷 118
범일 凡一 117
부산진 釜山鎮 115
좌천 左佐川

P.88-91
P.86-87
P.84-85
P.82-83

凡一站

　　距離釜山站及中央站三站遠的凡一站，有著釜山最大的批發商場，藏匿在街弄中的美食老店，讓人可以為了它們特地繞路過來。

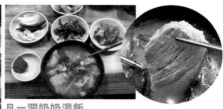

凡一洞奶奶湯飯
開業至今已走過60個年頭的傳統豬肉湯飯店，厚實肉塊與清爽湯頭更是受歡迎的最大理由！

釜山地鐵 1 號線

多大浦海水浴場站

다대포해수욕장역 / Dadaepo Beach

左側欄（縱向）：
一多大浦海水浴場站 ｜ 土城站 ｜ 札嘎其站 ｜ 松島（延伸行程）｜ 南浦站 ｜ 影島（延伸行程）｜ 中央站 ｜ 釜山站 ｜ 凡一站 ｜ 西面站（P120~125）｜ 東萊站 ｜ 溫泉場站 ｜ 釜山大站

1 多大浦夢幻夕陽噴泉

다대포 꿈의 낙조분수

🚇地鐵1號線多大浦海水浴場站2號出口，出站後直走約2分鐘可達。 🏠釜山廣域市沙下區夢運臺1길 14 ☎051-220-4161 ⏰音樂噴泉：4~8月平日20:00~20:20，週末20:00~20:20、21:00~21:20；9~10月平日19:30~19:50，週末19:30~19:50、20:30~20:50。體驗噴泉：5~9月14:00、15:00、16:00、17:00，每次20分鐘；夜間體驗噴泉4~10月第一場音樂噴泉表演結束後，每次10分鐘。 💲免費 🌐www.saha.go.kr/tour

　　就位於多大浦海水浴場入口處占地超過2,500坪的廣場上，擁有1,046個噴射孔的多大浦夢幻夕陽噴泉，直徑達60公尺，最高可以噴到55公尺，是韓國最大的噴泉。**每年4~10月定期舉辦的噴泉秀，是釜山最大的戶外水舞表演，搭配絢麗的燈光與美妙的音樂，場面既華麗又壯觀。**除了音樂噴泉之外，還有體驗噴泉，高低起伏的水柱，讓大人和小孩都忍不住鑽進噴泉裡，享受一下濕身的清涼快意。

體驗噴泉讓人可以玩水消暑

2 多大浦海水浴場

다대포해수욕장

欣賞釜山日落美景好去處

小編按讚

🚇地鐵1號線多大浦海水浴場站2號出口，出站後直走約5分鐘可達。 🏠釜山廣域市沙下區夢運臺1길 14 ☎051-220-4161 ⏰24小時開放 💲免費 🌐www.saha.go.kr/tour

　　長900公尺、寬100公尺的多大浦海水浴場，位於釜山西南方，距離市區大約8公里。**因交通方便、水溫溫和、水深不深、沙質細緻且沙灘平緩，因此深受當地人喜愛，特別適合一家大小前來戲水。**沙灘上還能看見不少大型裝置藝術，這裡同時也是兩年一度的釜山海洋美術節舉辦地。日落時分，這裡的景色分外優美，如果你想在釜山欣賞夕陽，走一趟多大浦海水浴場準沒錯！

峨眉山展望台 **3**
아미산전망대

地鐵1號線

德家手工麵疙瘩 **5**
덕이네 손수제비

5 **1** 多大浦海水浴場站
2 다대포해수욕장역
4

天鵝生態步道 **4**
고우니생태길

2 多大浦海水浴場
다대포해수욕장

多大浦夢幻夕陽噴泉
다대포 꿈의 낙조분수

❸ 峨眉山展望台
아미산전망대

🚇地鐵1號線多大浦海水浴場站2號出口，出站後步行約15~20分鐘可達。也可以搭乘計程車前往，車程約5分鐘，車資約₩5,000。 📍부산 사하구 다대낙조2길 77 ☎051-265-6863 🕐9:00~18:00，週一、元旦公休。 💲免費 🌐www.busan.go.kr/wetland/amisanintro01

　　洛東江（낙동강）是韓國最長的河流，它從太白山脈發源，從釜山注入東海，多大浦就位於它的出海口。峨眉山展望台總共有三層樓，**透過3樓展望台的大片玻璃，可以將洛東江沿岸的地貌盡收眼底，除了沙洲之外，天氣晴朗時還能看見遠方的加德島與巨濟島**，以及連綿起伏的山脈，景色非常遼闊。這裡還有一間咖啡館，可以坐下來慢慢欣賞風光。2樓的展示廳介紹洛東江河口相關的歷史以及地質特徵，至於戶外的展望甲板，則是觀賞夕陽的好去處。

❹ 天鵝生態步道
고우니생태길

🚇地鐵1號線多大浦海水浴場站2號出口，出站後直走約5分鐘可達。 📍부산 사하구 다대동 🕐24小時開放 💲免費

在城市就能感受到自然生態

達人力推

　　延伸於多大浦海水浴場旁的木頭棧道，畫出了一條Y字型的岔路，天鵝生態步道是一處散步的好地點。**在蘆葦搖曳的步道上，能夠欣賞到濕地生態：忙著在泥灘裡鑽來鑽去的小螃蟹，偶然在此暫時歇息的白鷺鷥……**白天的生態步道充滿著朝氣。日落後，隨著木棧道的燈光點亮，卻又搖身一變成為電影場景般夢幻，散發出迷人的氣息。

海鮮麵疙瘩清爽美味

❺ 德家手工麵疙瘩
덕이네 손수제비

🚇地鐵1號線多大浦海水浴場站1號出口，就在出口旁。 📍부산 사하구 다대로 698 ☎051-262-4959 🕐11:00 ~ 21:00，週三公休 💲麵疙瘩(수제비)、刀削麵(칼국수) ₩8,000

　　在海灘玩水或散步後，想來點清淡的美食，麵疙瘩是一項不錯的選擇。德家手工麵疙瘩就位於地鐵出口旁，非常好找。**店內提供辣味、海鮮、辛奇等口味的麵疙瘩和刀削麵，都是以手工製作。**海鮮口味湯頭鮮甜濃郁，喜歡辣的人可以嘗試辣味或辛奇口味。此外也有海鮮煎餅，人都可以點來一起分享！

多大浦海水浴場站｜土城站｜札嘎其站｜松島延伸行程｜南浦站｜影島延伸行程｜中央站｜釜山站｜凡一站｜西面站(P120~125)｜東萊站｜溫泉場站｜釜山大站

土城站
토성역 / Toseong

沒來過這裡別說你去過釜山

① 甘川洞文化村
감천문화마을

🚇地鐵1號線土城站6號出口，出站後徒步約4分可達「부산대학교병원」公車站，搭乘西區2（서구2）、西區2-2（서구2-2）、沙下1-1（서하1-1）號小巴，在「감정초등학교.감천문화마을」站下車後即達。 🏠부산 사하구 감내2로 ☎051-204-1444 ⏰文化村24小時開放，咖啡店約10:00~18:00 🌐www.gamcheon.or.kr

彩色村莊

擁有釜山的馬丘比丘、聖托里尼之稱的「甘川洞文化村」，坐落於山腳下，呈階梯式聚集一起的彩色房子，更在2012年日本福岡舉行的亞洲都市景觀獎上，被選為亞洲最美的村莊，也是釜山必遊景點之一。

你知道這裡原本並不是那麼色彩繽紛的嗎？其實這個村落的形成源自於韓戰時期，南下避難的人們大量聚集而形成村落，當時稱做「月之村」，只是一個平凡不起眼的半山腰貧民小村落，但在2008年由藝術家跟當地居民一起合作，才打造成現在可愛又美麗的甘川洞文化村。

必須和小王子合照！

可以拍出滿版的絕美背景

Coffee It House
커피잇집

🏠부산 사하구 옥천로 115 1,2층 ☎0507-1343-4975 ⏰9:30~18:30 💰美式咖啡₩4,800

在甘川洞文化村入口不遠處這棟粉色房子非常顯眼，地下1樓和1樓是咖啡廳，2樓是韓服租借，頂樓有露天座位，**而大家最喜歡的是位於1樓店內的大片窗戶，可以拍出瞭望甘川洞的絕美風景**。店家會要求先點餐才能入內拍照喔。

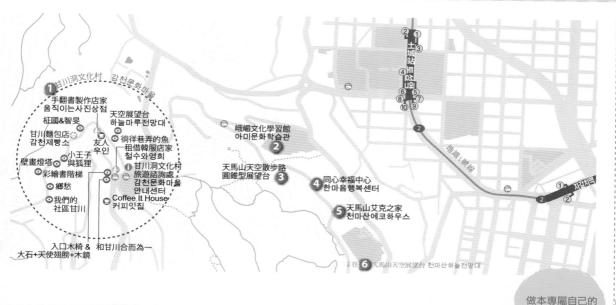

甘川洞文化村 감천문화마을
1
手翻書製作店家
움직이는 사진상점
柾國&智旻
甘川麵包店
감천제빵소
天空展望台
하늘마루전망대
徜徉巷弄的魚
租借韓服店家
철수와 영희
友人
우인
峨嵋文化學習館
아미문화학습관
2
壁畫燈塔
小王子
與狐狸
甘川洞文化村
旅遊諮詢處
감천문화마을
안내센터
Coffee It House
커피잇집
天馬山天空散步路
圓錐型展望台
3
彩繪書階梯
鄉愁
同心幸福中心
한마음 행복센터
4
我們的
社區甘川
天馬山艾克之家
천마산에코하우스
5
入口木椅 &
大石+天使翅膀+木鏡
和甘川合而為一
↓往 6 天馬山天空展望台 천마산하늘 전망대

浴場站 多大浦海水
土城站
札嘎其站 延伸行程
松島
南浦站 延伸行程
影島
中央站
釜山站
凡一站 西面站(P120~125)
東萊站
溫泉場站
釜山大站

做本專屬自己的
釜山旅遊書

甘川麵包店
감천제빵소

부산 사하구 감내2로 145　051-291-1444　約10:00~18:00，週二、三休　海鹽捲w2,500

小狐狸探頭進店內想吃麵包的模樣太可愛了!這間在山坡上的甘川麵包店,除了窗景很好拍之外,店內販售的麵包種類不少,以海鹽捲人氣最高,**剛出爐的海鹽捲熱熱的還有微鹹的鬆軟口感,很推薦當作小點心品嚐。**

連小狐狸
都被麵包吸引

手翻書製作店家
움직이는사진상점

부산 사하구 감내2로 170-1　0507-1411-0203　10:00~18:00　一本 ₩15,000、兩本以上每本 ₩10,000　gifstore.modoo.at

韓服/學生制服體驗

穿著韓服或是復古校服是近年的人氣新玩法!在公車站一下車就能看到一兩間韓服租借的店面,街道內也有數間,非常推薦租借韓服或校服後再開始逛,隨意街拍都可以拍出韓風的獨特樣貌,是來到韓國相當推薦的一種體驗。

小時候可能都有在筆記本或書本角落畫連續圖的經驗,這間手翻書店家就是類似版!在充滿伴手禮店的街道上,這間店相當特別,**店員會幫你以釜山景點為背景,拍攝8秒鐘的影像,並將這些影像變成一張張照片集結成一本小書**,快速翻動的話,照片中的你就像會動一樣徜徉在景點中,非常有趣。

多大浦海水浴場站

土城站

札嘎其站

松島 延伸行程

南浦站

影島 延伸行程

中央站

釜山站

凡一站

西面站 (P.120~125)

東萊站

溫泉場站

釜山大站

土城站
토성역 / Toseong

從甘川洞文化村前往天馬山天空展望台

這兩處距離不遠，推薦可以白天先到甘川洞文化村走一趟，傍晚時分再前往天馬山天空展望台

❶ 回到原本下車的地方，直走經過天橋後的對向公車站

❷ 搭西區2、沙下1-1號小巴，在「아미동공영주차장」站下車

❸ 往回左轉上山會先看到一些電影相關裝置，沿著這條天馬山路直行，依序會經過峨嵋文化學習館、天馬山天空散步路上的圓錐型展望台、同心幸福中心、天馬山艾克之家，最後就是天馬山天空展望台。

❷ 峨嵋文化學習館
아미문화학습관

🏠 부산 서구 천마산로 410　☎051-240-4496　🕐9:00~18:00

這裡是通往天馬山天空展望台的第一站，除了有咖啡廳，也有讀書室和展覽空間，可說是小區居民的小型文化中心。建築物旁的空間有供拍照的愛心藝術裝置，從這邊看出去**可以俯瞰釜山市區，遠方就是釜山塔**，其實景色已經很不錯了。

> 必拍打卡的愛心型藝術裝置

❸ 天馬山天空散步路 圓錐型展望台
천마산하늘산책로

📍同心幸福中心對面　☎051-240-4815

離開峨嵋文化學習館之後，前方有天馬山天空散步路，**沿著木棧道經過一些藝術裝置和戶外畫廊繼續往前走，會看到一座圓錐形的展望台**，不妨在這邊稍作休息，順便欣賞一下比剛才更遼闊些的風景。

❹ 同心幸福中心
한마음행복센터

🏠 부산 서구 천마산로 370　🕐10:00~19:00　💲美式咖啡₩2,000

位於圓錐型展望台附近、木棧道旁的同心幸福中心，不起眼的外觀乍看之下只是小區居民的活動中心，其實內部的咖啡廳有媲美網美店家的景致。**坐在一整面大窗前，可以慵懶地欣賞整個釜山市區和釜山港**，而且飲料價格也相當便宜，就連老爺爺和老奶奶都會來這享受悠閒時光呢。

> 高CP值咖啡，搭配無敵海景

甘川洞文化村　감천문화마을

1 手翻書製作店家
　옴직이는 사진상점
　柾國&智旻
　甘川麵包店
　감천제빵소
　壁畫燈塔　小王子
　　　　　與狐狸
　彩繪書階梯
　鄉愁
　我們的
　社區甘川

天空展望台
하늘 마루전망대
友人
우인
徜徉巷弄的魚
租借韓服店家
철수와영희
甘川洞文化村
旅遊諮詢處
감천문화마을
안내센터
Coffee It House
커피잇집

入口木椅 & 和甘川合而為一
大石+天使翅膀+木鏡

2 峨嵋文化學習館
　아미문화학습관

3 天馬山天空散步路
　圓錐型展望台

4 同心幸福中心
　한마음 행복센터

5 天馬山艾克之家
　천마산에코하우스

往 6 天馬山天空展望台 천마산하늘전망대

浴場站
多大浦海水
土城站
札嘎其站
松島
南浦站
影島
中央站
釜山站
凡一站
西面站(P.120~125)
東萊站
溫泉場站
釜山大站
延伸行程
延伸行程

5 天馬山艾克之家

천마산에코하우스

📍부산 서구 천마산로 342　📞0507-1306-1503

　看到這棟灰白色建築就可以走下木棧道，這間民宿外觀相當可愛，有兩個對外開放的延伸展望台，就算不是住客也可以參觀。左邊是韓劇《購物王路易》的拍攝地，右邊方格磚的則是韓劇《Untouchable》拍攝的展望台。**從這邊可以非常清楚的看到釜山港，有釜山港大橋、影島大橋和影島連接松島的南港大橋**，並不輸天空展望台呢！另外從這邊開始一直到天空展望台都要走大馬路才行喔！

裝置藝術
為釜山海景增添趣味

6 天馬山天空展望台

천마산하늘전망대

🚇地鐵1號線土城站6號出口，出站後徒步約4分可達「부산대학교병원」公車站，搭乘134、190號小巴，在「초장동」站下車，往回左轉進小巷，沿著上坡徒步約5分鐘。也可以直接從甘川洞搭乘小巴前往。　📍부산 서구 해돋이로183번길 17-4

　天馬山天空展望台是釜山知名的夜景名所，當然白天的景色也很讚。這棟兩層樓建築的頂層是展望台，展望台上還有知名韓國電影《國際市場》的場景布置。長椅坐著兩位老夫妻，乍看以為是真人，一旁則是可以互相傳聲的聲音裝置。放眼望去是盡收眼底的釜山港，也許是較其他景點難走到而人潮不太多，搭配遼闊美景反而多了幾分靜謐。

多大浦海水浴場站
土城站
札嘎其站
松島 延伸行程
南浦站
影島 延伸行程
中央站
釜山站
凡一站
西面站 (P120~125)
東萊站
溫泉場站
釜山大站

札嘎其站
자갈치역 / Jagalchi

市場中經常伺機逃跑的章魚

品嚐最新鮮的大海滋味

① 札嘎其市場
자갈치시장

海鮮天堂

地鐵1號線札嘎其站10號出口，出站後步行約5分鐘。 傳統魚市부산 중구 자갈치해안로 52、新東亞市場부산중구 자갈치로 42 傳統魚市051-245-2594、新東亞市場051-246-7500 傳統魚市5:00~22:00，每月第1、3個週二公休。新東亞市場6:00~22:00，每月第2、4個週二公休。

jagalchimarket.bisco.or.kr

已經有100多年歷史的札嘎其市場，全韓國的魚獲約3至4成都是由這裡開始流通至韓國各地。可以細分為室外傘下的傳統魚市場攤販，以及室內的札嘎其新東亞市場(신동아수산물종합시장)。參觀在地市場，可以感受釜山的生活脈動，看看一直要從桶中逃跑的章魚。傳統魚市旁聚集不少海鮮餐廳，也可以到新東亞市場的地下美食街大啖海鮮。

② BIFF廣場
BIFF광장

🚇 地鐵1號線札嘎其站7號出口，出站後步行約4分鐘。　📍 부산광역시 중구 남포길 4　☎ 051-253-8523

　　BIFF的前身為南浦洞劇場街，因為1960年代這裡聚集大量劇場，後來被正式命名為PIFF廣場，然後才改成今日的名稱。廣場上延伸著一條長約428公尺的星光大道和電影街大道，仔細看會發現1996年參加釜山國際電影節的名人手掌印，此外，每年釜山國際電影節的前夜祭活動，也是在此舉行。**廣場越晚越熱鬧，兩旁會聚集許多攤販，有得逛又有得吃**，別忘了要買有名的堅果糖餅！

說什麼也不能錯過堅果糖餅

③ 國際市場
국제시장

🚇 地鐵1號線南浦站7號出口，出站後步行約7分鐘。　📍 부산 중구 중구로 36　☎ 051-247-7389　🕐 9:00 ~ 20:00　🌐 gukjemarket.co.kr

　　走過BIFF廣場即到達國際市場，國際市場是1950年韓戰期間人們在此聚集經營買賣生意而形成，販售的商品種類繁多。**市場內最有名的就屬阿里郎街裡的露天美食**，街道上有著一堆排排坐的姨母、大媽排檔，有賣飯捲、雜菜、魚糕，**喜歡品嚐道地街邊小吃的人千萬別錯過**！國際市場還有販售二手古著，每件都₩1,000，不只姨母、大叔，許多年輕人也都會在此挖寶。

阿里郎街是品嚐在地小吃好去處

市場內各色美食等著大家挖掘

(1개) 2,000원

④ 富平罐頭市場
부평깡통시장

釜山隱藏版在地B級美食

🚇 地鐵1號線南浦站3號出口，出站後步行約9分鐘。　📍 부산 중구 부평1길 48복사　☎ 0507-1416-1131　🕐 19:30 ~ 24:00　🌐 www.bupyeong-market.com

吃貨力推

　　與國際市場相連的富平罐頭市場是因韓戰後美軍進駐，水果罐頭、魚罐頭等各式各樣的商品開始走私流入，經由富平市場供給各類批發進口商品給韓國各大市場而得名。在這裡除了白天的傳統市場外，到了傍晚商家紛紛打烊後，就會換成夜市出來擺攤。

　　市場內最有名氣的奶奶油豆腐包(할매유부전골)，包裹著雜菜冬粉的油豆腐包，加上鮮甜的魚糕湯，再放入大蔥跟辣椒的淡味醬油更好吃！市場內也有許多隱藏美食等待大家去挖掘，例如綠豆煎餅、水果攤、蛋糕店以及入口附近的排隊麻花捲。

札嘎其站
자갈치역 / Jagalchi

❺ 豆腐家
두부가

🚇地鐵1號線札嘎其站7號出口，出站後步行約7分鐘。 🏠釜山中區 광복로55번길 14-1 🕙10:30~22:00 📋經典豆腐拌飯+大醬湯/豆腐鍋+荷包蛋₩11,000 (可加價換其他口味拌飯)

隱身在南浦巷弄中的豆腐家，供應的就是豆腐拌飯，別看賣相很普通，簡單又實在的配料拌一拌，是**吃得到豆腐清香的家常料理，有辛奇、香菇、海鮮、辣炒豬肉、牛肉等口味，推薦點套餐**，將套餐附的荷包蛋一起拌飯，搭配大醬湯或豆腐鍋的口感會更加豐富。

想來點清爽的不妨試試豆腐拌飯套餐

❻ 富平洞豬腳街
부평족발골목

釜山特有的豬腳涼拌冷盤

特色美味

🚇地鐵1號線札嘎其站7號出口，出站後步行約5分鐘。 🏠부산 중구 부평2길 3 🕙週一~五9:00~21:00、週六~日10:00~22:00

札嘎其除了海鮮市場非常有名之外，豬腳也不遑多讓。特別是這條街上就開了四、五間豬腳專門店而聞名，每到週末夜晚總是相當多在地人來此聚餐。除了一般的原味豬腳，較特別的是涼拌冷盤，**豬腳和蔬菜與海蜇皮做涼拌，搭配帶有一點芥末的醬汁，相當清爽獨特**，可依照人數點大中小份，是在地韓國人也愛的美食之一。

五六島豬腳
오륙도족발

🚇地鐵1號線南浦站7號出口，出站後步行約5分鐘。 🏠부산 중구 광복로 15-1 ☎051-241-0134 🕙9:00 ~ 2:00 💲小份₩35,000、中份₩40,000、大份₩50,000

五六島豬腳在台灣觀光客中較不出名，但是在韓網評價很不錯，**除了有原味豬腳、涼拌冷盤豬腳之外，還有海鮮豬腳拼盤以及和醬肉**，都有分大中小，原味豬腳調味單純，很適合搭配滿桌的小菜和醬料一起包生菜享用。推薦一定要沾少許蝦醬，口感又鹹又鮮。還有解膩的豆芽湯或海帶湯以及清爽的麵線，大部分小菜和生菜也都可以再續。

搭配滿桌小菜一同享用更過癮

豆腐與飯天生絕配？
有一說是，健康的豆腐跟飯一起食用的話，會有極好的營養效果！據說100公克的豆腐跟1碗白飯一起吃，和兩者分開吃相比之下，豆腐的營養素攝取量會增加34%哦！

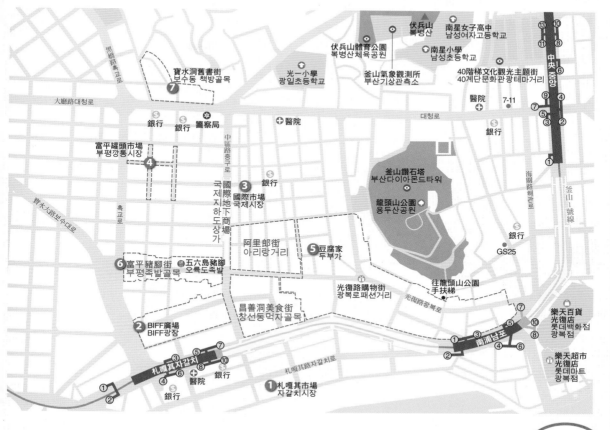

地圖標示：
- 黑橋路 검교로
- 寶水洞舊書街 보수동 책방골목 ❼
- 大廳路 대청로
- 光一小學 광일초등학교
- 伏兵山體育公園 복병산체육공원
- 釜山氣象觀測所 부산기상관측소
- 伏兵山 복병산
- 南星女子高中 남성여자고등학교
- 南星小學 남성초등학교
- 40階梯文化觀光主題街 40계단 문화관광테마거리
- 中央大路 중앙대로
- 醫院 7-11
- 銀行
- 銀行
- 警察局
- 中區路중구로
- 國際地下商場 국제지하상가
- 富平罐頭市場 부평깡통시장 ❹
- 黑橋 흑교
- 銀行
- 國際市場 국제시장 ❸
- 釜山鑽石塔 부산다이아몬드타워
- 龍頭山公園 용두산공원
- 海關路해관로
- 銀行
- 釜山1號線
- 寶水大路보수대로
- 阿里郎街 아리랑거리
- 豆腐家 두부가 ❺
- GS25
- 富平豬腳街 부평족발골목 ❻
- 五六島豬腳 오륙도족발
- 光復路購物街 광복로패션거리
- 往龍頭山公園 手扶梯
- 光復路광복로
- 昌善洞美食街 창선동먹자골목
- 樂天百貨 光復店 롯데백화점 광복점
- 南浦 남포
- BIFF廣場 BIFF광장 ❷
- 樂天超市 光復店 롯데마트 광복점
- 札嘎其자갈치
- 醫院
- 銀行
- 札嘎其路자갈치로
- 札嘎其市場 자갈치시장 ❶
- 銀行

右側車站列表：
- 多大浦海水浴場站
- 土城站
- 札嘎其站
- 松島 延伸行程
- 南浦站
- 影島 延伸行程
- 中央站
- 釜山站
- 凡一站
- 西面站 (P.120~125)
- 東萊站
- 溫泉場站
- 釜山大站

❼ 寶水洞舊書街

보수동책방골목

> 二手書和舊書齊聚的懷舊書街

文青景點

🚇 地鐵1號線札嘎其站3號出口，出站後步行約11分鐘。

📍 부산 중구 책방골목길 16 🕐 是店家而異，約 9:00~19:00 🌐 www.bosubook.com

　　原本位於二戰光復後、國際市場內因戰爭拆遷廢墟而形成的一塊空地上，那裡時常聚集著販售日本人遺留書籍的攤商，後來因為規劃成個人私有地，書商們便搬移至今日的位置。

　　當時釜山因為韓戰的關係成為臨時首都，難民為了求生存紛紛將帶來的珍貴書籍變賣出售，**逃難來的教授與學生們因需求購買二手書籍，書店隨供需增加而逐漸增多，於是正式形成現在的寶水洞舊書街**。在這裡可以以三至六折的價格購買到二手書籍，新書也能以比市價便宜的價格入手。沿著階梯一直往上爬能看到很多特色壁畫的咖啡廳，在這裡時間彷彿停止了一般。

札嘎其站延伸行程 ⤵

松島
송도 / Songdo

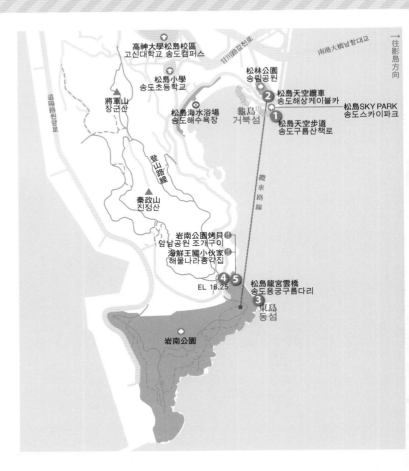

©韓國觀光公社

❶ 松島天空步道
송도구름산책로

🚇地鐵1號線札嘎其站7號出口，出站後直走約4分鐘可達公車站，搭乘6號公車在「암남동주민센터」站下，接著再步行約3分鐘。 📍부산 서구 암남동 129-4 ☎051-231-0252（釜山西區旅遊諮詢中心） ⏰6:00~23:00 💲免費

　松島海上纜車完工後，纜車搭乘處附近也規劃了松島天空步道，**全長365公尺，串連起陸地與海中的龜島**。位於步道中央的龜島，可以看到有名的漁夫與人魚銅像，許多人總喜歡在這裡合照。銅像的背後有著淒美的愛情故事，相傳這名漁夫出海時發生了船難，被人魚公主給救起，後來漁夫又為了救人魚公主而失去性命，深受感動的天神因此創造了龜島，讓兩人可以在此長相廝守。另外，據說摸人魚公主的左胸可以帶來好運喔！

© 墨刻攝影七小士

除一般纜車車廂外，松島海上纜車還有水晶車廂！

© 韓國觀光公社

釜山大海美景盡收眼底

② 松島海上纜車
송도해상케이블카

必推體驗

🚇地鐵1號線札嘎其站7號出口，出站後直走約4分鐘可達公車站，搭乘6號公車在「암남동주민센터」站下，接著再步行約10分鐘。🏠松島灣站：부산 서구 송도해변로 171、松島天空公園站：부산광역시 서구 암남공원로 181 ☎051-247-9900 ⏰1、2、12月9:00~20:00，3~6、9~12月9:00~21:00，7~8月9:00~22:00 💲請見表格 🌐www.busanaircruise.co.kr

　松島海水浴場是韓國第一座海水浴場，為了重振它昔日的名聲，松島海上纜車經過重新修復後，在2017年時重新開放。從最高86公尺高的松島海水浴場東側的松林公園，一路延伸到西側的岩南公園，總長1.62公里，松島海上纜車騰空穿過海面，感受橫越大海驚心動魄的同時，還能將松島海水浴場、釜山影島和南港大橋全都能一覽無遺。

車廂種類		成人(14歲以上)	兒童(36個月以上~13歲)
普通車廂 / 에어크루즈 / Air Cruise	往返	₩17,000	₩12,000
	單程	₩13,000	₩10,000
水晶車廂 / 크리스탈크루즈 / Crystal Cruise	往返	₩22,000	₩16,000
	單程	₩17,000	₩13,000
纜車通行證 (只限平日) / 자유이용권 / Free Pass		₩30,000	₩25,000
快速車廂 (不需等候) / 스피디크루즈 / Speefy Cruise		(每人價格) 普通車廂 ₩40,000，水晶車廂 ₩50,000	
高級車廂 (不需等候) / 프리미엄크루즈 / Premium Cruise		(每艙價格) 普通車廂 ₩240,000，水晶車廂 ₩300,000	

搭纜車小TIPS
纜車只有松島灣站 (송도베이스테이션) 和松島天空公園 (송도스카이파) 兩站，建議可以從松島灣站出發，在松島天空公園站下車，因為松島天空公園站就位於岩南公園內，可以順便拜訪松島龍宮雲橋，或是前往岩南公園停車場吃烤貝，也可以反過來走。

③ 松島龍宮雲橋
송도용궁구름다리

松島龍宮雲橋通往位於海上的東島

© 釜山市廳

🚇地鐵1號線札嘎其站2號出口，出站後直走約2~3分鐘可達公車站，搭乘7、30、71號公車在「암남공원」站下，車程約25~30分鐘，接著再步行約7分鐘。或是從岩南公園海上纜車站往下走，步行約5分鐘可達。🏠부산 서구 송도해변로 171 ☎051-240-4087 ⏰9:00~18:00 💲₩1,000

　從岩南公園入口沿著上坡往上爬，就會來到松島龍宮雲橋。這座全長127公尺、寬2公尺的橋梁，通往公園對面的無人島——東島。**橋梁因為有著龍頭般的造型而得名，在這裡可以將松島全景盡收眼底**，包括松島海水浴場、松島海上纜車以及松島海岸散步路，讓人穿梭在天空與大海之間，一望無際的視野讓人心曠神怡。

一 浴 場 站 多大浦海水

一 土 城 站

一 札 嘎 其 站

一 松 島 延伸行程

一 南 浦 站

一 影 島 延伸行程

一 中 央 站

一 釜 山 站

一 凡 一 站

一 西 面 站 (P.120~125)

一 東 萊 站

一 溫 泉 場 站

一 釜 山 大 站

浴場站 多大浦海水

土城站

札嘎其站

南浦站 松島 延伸行程

影島 延伸行程

中央站

釜山站

凡一站

西面站 (P.120~125)

東萊站

溫泉場站

釜山大站

面向大海的座位隨時都能看到無邊海景

無敵海景當前的網美咖啡

打卡熱點

④ EL 16.25

地鐵1號線札嘎其站2號出口，出站後直走約2~3分鐘可達公車站，搭乘7、30、71號公車在「岩南公園」站下，車程約25~30分鐘，過馬路就到。 釜山 西區 岩南公園路 177 3~4層 10:00~21:30 0507-1409-8881 咖啡₩6,000起、茶₩7,000起 www.instagram.com/el16.52_

　　搭公車到岩南公園站下車後，可以看見馬路對面有棟白色的房子，牆上大大寫著「EL 16.52」。這家結合咖啡豆烘焙工房和麵包店的咖啡廳位於3~4樓，5樓是露天座位區。除一般圓桌外，還有沙發、高背長排座椅、戶外座位等，頂樓更有非常夢幻的大型半球罩式透明包廂，無論坐在哪裡，都能看到松島美麗的無敵海景，以及在空中來回穿梭的海上纜車。咖啡廳內麵包、甜點選擇多樣，很容易讓人選擇障礙。

⑤ 岩南公園烤貝
암남공원 조개구이

地鐵1號線札嘎其站2號出口，出站後直走約2~3分鐘可達公車站，搭乘7、30、71號公車在「岩南公園」站下，車程約25~30分鐘，接著再步行約6分鐘。 釜山 西區 岩南洞 620-4 視店家而異

　　岩南公園烤貝區位於松島天空纜車站下方的停車場內，這裡是一個**在地人私房口袋名單景點**，一整排的烤貝帳篷任君挑選。其中韓國人最推薦的是位在最盡頭的「해물나라총각집」(海鮮王國小伙家)，主要的菜單就是綜合海鮮和烤貝，不用擔心選擇障礙症發作。

扇貝怎麼看它可以吃了沒呢？

扇貝上爐烤後，自行加起司，烤到出水後翻面再烤一下即可食用，或是熟了後肉跟殼分離，能夠輕易的滑動翻面就表示可以吃了。

海鮮王國小伙家
해물나라총각집

地鐵1號線札嘎其站2號出口，出站後直走約2~3分鐘可達公車站，搭乘7、30、71號公車在「岩南公園」站下，車程約25~30分鐘，接著步行約10分鐘。 釜山 西區 岩南洞 620-24 週二~日11:00~24:00 0507-1341 7465 烤貝(조개구이)套餐₩60,000起、綜合海鮮(해산물 모듬)₩50,000起、加點炒飯一份₩2,000

　　海鮮王國小伙家的烤貝類套餐除了一大盤貝類，還有一盤地瓜義大利麵、一盤大紅蝦、火腿腸、兩盤吃起來軟Q軟Q像魚肉口感的牛角蛤 (키조개)，還有一鍋滿滿滿的淡菜湯，如果吃得差不多，胃還有空間的話不妨加點一盤香噴噴的炒飯吧！

南浦站
남포역 / Nampo

① 奶奶伽耶小麥冷麵
할머가야밀면

不管天氣冷熱都要來上一碗

釜山必吃

🚇地鐵1號線南浦站1號出口，出站後步行約6分鐘。 📍부산 중구 광복로 56-14 ☎051-246-3314 🕙10:30~21:30 💲小麥冷麵/韓式辣拌涼麵(밀면/비빔면)₩8,000、餃子(만두)₩5,000(4個)

　　釜山有一種特殊的冷麵，麵條是以小麥粉做的，比一般冷麵略粗些、**口感更細緻**，搭配10多種韓方藥材熬煮出來的湯汁，另有一番風味，更是韓國人不論四季變化都要來上一碗的好滋味！

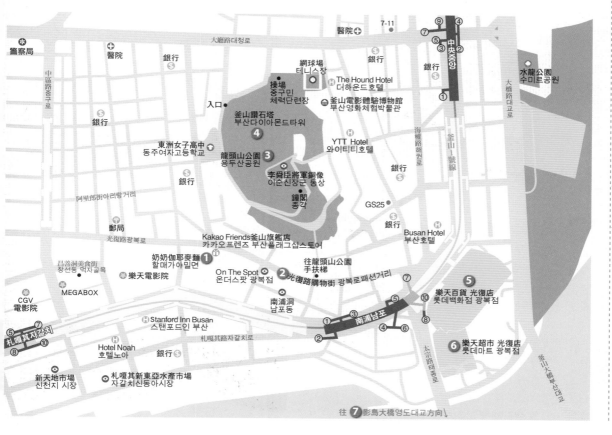

南浦站
남포역 / Nampo

❷ 光復路購物街
광복로패션거리

🚇地鐵1號線南浦站7號出口，出站即達。

從南浦站7號出口一出站就是光復路尾端，往左邊開始一路逛到BIFF廣場的這條街，就是光復路購物街，整條街上充斥眾多知名服飾品牌，以及諸多美妝店和文具店ARTBOX，非常適合在這邊逛街購物。

Kakao Friends釜山旗艦店
카카오프렌즈 부산플래그십스토어

🚇地鐵1號線南浦站7號出口，出站後步行約5分鐘。 📍부산 중구 광복로 62 ☎051-256-0815 🕐12:00~21:00 🌐store.kakaofriends.com/home

位於釜山南浦洞商圈的Kakao Friends釜山旗艦店，共有4層樓高，目前4樓的咖啡廳暫不開放，**不過光是購物空間就足以買到失心瘋**。除了擺放很多大型裝飾可以拍照，舉凡官網上的所有商品都可以購買到。

各種商品都可愛到讓人不買不可

On The Spot
온더스팟 광복점

🚇地鐵1號線南浦站7號出口，出站後步行約5分鐘。 📍부산 중구 광복로 63-3 ☎0507-1335-3978 🕐11:30~21:30 🌐www.onthespot.co.kr

On The Spot在韓國僅有4間店，其中一間就在南浦商圈，集結了許多韓國在地以及國際知名流行鞋款品牌，像是近年流行的Crocs洞洞鞋，和每到夏天就會熱賣的韓國品牌TAW&TOE夾腳拖鞋，以及New Balance、Nike、愛迪達、國民帆布鞋Converse等品牌。

❸ 龍頭山公園
용두산공원

🚇地鐵1號線南浦站7號出口，出站後沿光復路步行約3分鐘，搭乘手扶梯到最上層，就能抵達。 📍부산 중구 용두산길 37-55 ☎051-860-7820 🕐24小時開放

從光復路可以直接搭手扶梯前往龍頭山公園

位於市中心處的小山丘，是隨1876年釜山開港後所建的公園，因為外型像龍頭而得名。它是釜山的三大名山之一，同時也是一處受歡迎的市民公園，在這裡可以看見李舜臣將軍銅像，以及一座超大的花鐘。**龍頭山公園擁有欣賞釜山港和影島的絕佳視野。**

浴場站｜多大浦海水

土城站

札嘎其站

松島｜延伸行程

南浦站

影島｜延伸行程

中央站

釜山站

凡一站

西面站｜(P.120~125)

東萊站

溫泉場站

釜山大站

Map labels:

警察局

醫院

銀行

中區路중구로

醫院

銀行

銀行

阿里郎街아리랑거리

郵局

光復路광복로

昌善洞美食街 창선동 먹자골목

CGV 電影院

MEGABOX

樂天電影院

奶奶伽耶麥麵 할매가야밀면

東洲女子高中 동주여자고등학교

入口

操場 중구민 체력단련장

網球場 테니스장

7-11

醫院

銀行

網球場 테니스장

The Hound Hotel 더하운드호텔

釜山電影體驗博物館 부산영화체험박물관

釜山鑽石塔 부산다이아몬드타워 **4**

龍頭山公園 용두산공원 **3**

YTT Hotel 와이티티호텔

李舜臣將軍銅像 이순신장군 동상

鐘閣 종각

Kakao Friends釜山旗艦店 카카오프렌즈 부산플래그십스토어

On The Spot 온더스팟 광복점

光復路購物街 광복로패션거리

往龍頭山公園 手扶梯

南浦洞 남포동

大麗路대청로

醫院

銀行

銀行

中央중앙

銀行

釜山1號線

海權路해권로

水龍公園 수미르공원

大橋路대교로

GS25

銀行

Busan Hotel 부산호텔

樂天百貨 光復店 롯데백화점 광복점 **5**

樂天超市 光復店 롯데마트 광복점 **6**

釜山大橋부산대교

太宗路태종로

南浦남포

往 **7** 影島大橋영도대교方向

Stanford Inn Busan 스탠포드인 부산

Hotel Noah 호텔노아

銀行

札嘎其자갈치

新天地市場 신천지 시장

札嘎其新東亞水產市場 자갈치신동아시장

改裝後的鑽石塔內部以潛水艇船艙造型登場

4 釜山鑽石塔

부산다이아몬드타워

🚇地鐵1號線南浦站7號出口，出站後沿光復路步行約3分鐘，搭乘手扶梯到最上層，就能抵達。 📍부산광역시 중구 용두산길 37-55 (광복동2가) ☎051-601-1800 🕙10:00~22:00 💲成人₩12,000、3~12歲兒童和65歲以上長者₩9,000 🌐www.instagram.com/busantower_official/

日夜景皆迷人的賞景高塔

釜山地標

　　落成於1973年的釜山塔，2021年年底歷經全面翻修後，以釜山鑽石塔之名重新對外開放。**這座位於龍頭山公園裡的釜山一大地標，儘管塔高只有120公尺，卻能以居高臨下的視野欣賞釜山港一帶的景色。**搭乘高速電梯只要40秒，就能抵達360度的展望台，特別設計成潛水艇般的船艙，更增添趣味。向北可見到釜山站四周，向南可眺望影島大橋、光復洞、南浦洞等繁華景象，東邊是大小船隻交錯的釜山港，西邊則是國際市場等區域。除了白天景色燦爛外，夜景也很迷人。

南浦站
남포역 / Nampo

⑤ 樂天百貨 光復店
롯데백화점 광복점

🚇地鐵1號線南浦站10號出口直達 📍釜山中區中央大路2 🕐週一~四10:30~20:00、週五~日10:30~20:30，特定公休日請上網查詢。 ☎1577-0001 💻www.lotteshopping.com/branchShopGuide/floorGuideSub?cstr=0333

頂樓公園還能將周遭景色一覽無遺

樂天百貨光復店高達19層（含地下6層），B1主要是美食館，1樓以國際時尚品牌、化妝品和香水為主，2~3樓主打服飾，4、5樓為女性時尚和包包與鞋子，5樓是男生的西裝和襯衫，7樓是戶外用品和運動專區，8樓則為童裝部，9樓主打家電和餐廚具，10樓為美食街，11~12樓為戶外休息空間。

除本館外還有Aqua Mall，該館的**Aquatique show噴泉秀**（每天11:00~20:00每逢整點演出），雖然主舞台位於B1，不過**每層樓都能欣賞到，表演長達15分鐘**。位於頂樓的公園展望台免費對外開放，可以將釜山港和影島的景色一覽無遺，包括影島大橋和釜山鑽石塔等地標，天氣晴朗時上來吹吹風很不錯！

除了逛街也有免費的噴泉秀可以欣賞

⑥ 樂天超市 光復店

롯데마트 광복점

釜山伴手一站
買好買滿

購物
強推

🚇地鐵1號線南浦站8號出口直達 🏠부산 중구
중앙대로 2 🕙10:00~24:00，每月第二週、第四
週週日公休。☎051-441-2500 🌐www.lottemart.com

樂天超市光復店緊鄰著樂天百貨，高約6層樓，
商品種類繁多，觀光客間各種超人氣伴手禮零食
餅乾泡麵等，都可以在這裡的B1買齊。除此之外，
這裡還有各種水果、炸雞和生魚片等熟食、五花八
門的小菜，停留釜山期間想飽餐一頓，或是買些宵
夜、下酒菜，都不是問題。

釜山必打卡
景點之一

影島大橋小故事

1950年6月25日，
北韓舉兵越過38
度線後爆發了韓戰
(又稱6.25戰爭)，在
1950年至1953年
戰爭期間，很多人
南下至釜山避難，
而因戰爭失去聯繫
的人，為了找尋親人朋友，許多都在橋梁前等待、打聽消
息，或是在橋上的欄杆刻上姓名等待親友，雖然最後
南韓收回了首爾，但有些離散家庭卻再也見不到彼此，留
下許多避難者、倖存者每天在橋上、橋邊徘徊，希望有一天
能等到想見的人。

⑦ 影島大橋

영도대교

釜山
必遊

🚇地鐵1號線南浦站6號出口，出站後步行約2分
鐘。 🏠부산광역시 영도구 태종로 46 (대교동1가) ⏰
橋梁開合時間週六14:00 ~ 14:15 🌐www.bisco.or.kr

　　影島大橋是連接南浦洞與影島之間的橋梁，原為日
據時期輸送人群而建造，同時也是**釜山第一座連接陸
地與島嶼的跨海大橋**，為了讓來往於南北港的船隻經
過，故意設計成單邊開合活動橋梁，每當有中大型船
隻要經過時，橋的一端就會升起。若要欣賞影島大橋
開橋，有兩個地點可以做選擇，一是從橋面上正面觀
賞，二是到橋下方的Yulali廣場從側面欣賞。

南浦站延伸行程
影島
영도 / Yeongdo

鄰近大海的夢幻村落

❶ 白淺灘文化村
흰여울문화마을

打卡熱點

🚇地鐵1號線南浦站6號出口，出站後朝影島方向直走，從橋前方的公車站搭乘7、71、508號公車，在「흰여울문화마을」站或「백련사」站下車，車程約10分鐘，從路邊沿著樓梯向下走就能抵達。如果從南浦站6號出口轉搭計程車，車資大約₩6,200。 🏠부산 영도구 영선동4가 1044-6 ☎051-419-4067 🕐24小時開放

位於影島的白淺灘文化村，是最靠近大海的村落，吸引許多人前往拜訪。以往遊客大部分集中在釜山市區觀光，海邊也是只去海雲臺或太宗台，忽略了這個超美村落。**因為緊臨大海，以及階梯狀的建築方式，讓人不禁想起希臘地中海。**絕美的景色也成為電影、綜藝節目的取景地，像是韓國綜藝《無限挑戰》、電影《辯護人》等皆曾在此取景。

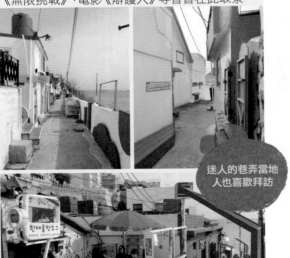

迷人的巷弄當地人也喜歡拜訪

只要從觀景窗由內往外拍就是美照

❷ Café Jimmy
카페지미

🚇地鐵1號線南浦站6號出口，出站後朝影島方向直走，從橋前方的公車站搭乘7、71、508號公車，在「흰여울문화마을」站或「백련사」站下車，車程約10分鐘，從路邊沿著樓梯向下走就能抵達。如果從南浦站6號出口轉搭計程車，車資大約₩6,200。 🏠부산 영도구 절영로 224 1층 🕐平日12:00~19:00、週末12:00~20:00 💲美式咖啡₩4,000

影島區廳
영도구청

釜山海洋警察局
부산 해양경찰서

釜山港國際遊輪碼頭
부산국제크루즈터미널

國立海洋博物館
국립해양박물관

海鷗山
갈매기산

朝島
조도

韓國海洋大學
ACHI分校
한국 해양대학교
아치캠퍼스

中里山
중리산

太宗台海水浴場
태종대해수욕장

大宗山
태종산

太宗台
태종대

太宗台瞭望臺
태종대전망대

只要兩人將手掌一起放上去感應，就會有超美麗的愛心出現。

❸ 絕影海邊散步路

절영해안산책로

🚇 地鐵1號線南浦站6號出口，出站後朝影島方向直走，從橋前方的公車站搭乘7、71、508號公車，在「부산보건고」站下車，車程約10分鐘，接著順路步行約2~3分鐘，會發現一條向下的階梯，走下去即達。 🏠 부산 영도구 영선동4가 186-47 🕐 24小時開放

　　在村落的最下方是絕影海邊散步路，沿著散步路走可以發現一個隧道，是2018年底歷時1年又6個月才完工的白淺灘海岸隧道，走過隧道後就能到達海女村，原本隧道還沒開放時候，需要走過一個山頭，而山頭的階梯又非常的陡峭，在有了隧道後方便也安全多了。**隧道內設有裝置藝術設計**，像是愛心狀的TOUCH LOVE裝置等。

海女文化

在走絕影海邊散步路時，可以觀察看看海面上是不是橘色浮球，有的話就表示那邊有海女在工作。濟州島跟釜山都是靠海過活的城市，早期海女通常是家庭裡主要的經濟支柱，她們不分季節冷暖，只靠著腳蹼跟護目鏡，沒有任何的呼吸設備也沒有潛水裝，直接下海僅憑藉著雙手或是矛捕捉海洋生物。韓國的海女職業已經有幾百年歷史，不過因工作辛苦又危險目前海女數量也在銳減中，更成為韓國無形文化遺產之一。

　　位於白淺灘文化村入口僅幾步距離的Café Jimmy，是一家小小的咖啡廳，能將白淺灘文化村、大海盡收眼底，除了風景絕佳，飲品味道也非常棒！店內的坪數十分迷你，其中以**觀景窗邊的座位最熱門，能看到海景及文化村合一的美景**。老闆可以用英文溝通，不懂韓文也可以放心到此喝杯咖啡。

一多大浦海水浴場站

一土城站

一札嘎其站

松島 延伸行程

一南浦站

影島 延伸行程

一中央站

一釜山站

一凡一站

一西面站 (P.120~125)

一東萊站

一溫泉場站

一釜山大站

南浦站延伸行程↝

影島

영도 / Yeongdo

④ 太宗台

태종대

> 去釜山最南端看蔚藍海景

地質奇景

🚇地鐵1號線南浦站6號出口，出站後朝影島方向直走，從橋前方的公車站搭乘8、30、66、88、186號公車，在「태종대」站，車程約20~30分鐘，下車後直走約5分鐘，就能抵達入口。如果從白淺灘文化村的Café Jimmy搭計程車前往太宗台，車資大約₩6,000。 🏠부산 영도구 동삼동 산29-1층 (태종대유원지) ⏰園區：11~2月5:00~24:00、3~10月4:00~24:00。遊園車：旺季(6~8月)售票時間9:00~19:30、營運時間9:20~19:30、最後一班下山列車19:30~20:30，淡季售票時間9:00~17:30、營運時間9:20~17:30、最後一班下山列車17:30~18:30，週一公休。 ☎051-405-8745 💲園區：免費，遊園車：成人單程₩2,000、循環₩4,000，長者單程或循環都₩3,000，青少年單程或循環都₩2,000，兒童單程或循環都₩1,500。 🌐www.bisco.or.kr/taejongdae

結合海浪侵蝕海岸所形成的峭壁以及岩石的太宗台，是影島的一座自然公園。

影島和釜山市區以影島大橋相連接，**太宗台位在影島的最南端，以視野極佳著稱**。在燈塔處有沿海邊而建的散步道，行走其間隨處可見斷崖絕壁與海天相連的奇景，如果天氣好還可眺望日本的對馬港。從燈塔的散步道徒步約5分鐘，即可來到瞭望臺，因為在更高處，所以眺望的景色更佳。

往釜山港大橋↑

HOMEPLUS影島店
홈 플러스 영도점

Café Jimmy
카페지미

白淺灘文化村
흰여울문화마을

蓬萊山
봉래산

75廣場
75광장

遊園車

　太宗台步道長約3.6公里，如果不想以步行的方式完成，也可以搭乘遊園車。從入口開始需走一段上坡路，才能到達園區遊園車售票及上車處，搭乘遊園車的話會從出發廣場行經瞭望臺、影島燈塔、太宗寺再回到廣場，可以挑選自己想參觀的景點下車，有些景點距離不遠，也可以選擇徒步前往，像是瞭望臺到影島燈塔徒步約10分可達。遊園車每20分鐘一班。

影島區廳
영도구청

釜山海洋警察局
부산해양경찰서

釜山港國際遊輪碼頭
부산국제크루즈터미널

國立海洋博物館
국립해양박물관

海鷗山
갈매기산

朝島
조도

韓國海洋大學
ACHI分校
한국해양대학교
아치캠퍼스

中里山
중리산

太宗台海水浴場
태종대해수욕장

大宗山
태종산

④ 太宗台
태종대

太宗台瞭望臺
태종대전망대

太宗台三大看點
瞭望臺
天氣晴朗時候可以清楚看到日本的對馬島。瞭望臺前還有一個象徵母愛溫情的母子像,之所以有這個雕像是因為瞭望臺以前生活很苦,有很多婦女受不了當時壓力,所以在此跳崖自殺,韓國政府便在此設立母子雕像,希望欲自殺的婦女在見到此雕像時能夠打消念頭。

神仙岩
燈塔下方100多公尺的懸崖峭壁,有座岩石平台稱作神仙岩,傳說曾有神仙在此遊玩,因此取名為神仙岩。神仙岩旁邊有一根形單影隻的石柱,稱作望夫石,據說以前有位女子天天在這裡,等待強行被帶去日本的丈夫歸來,最後化成了石像。

想吃海鮮可得先走一段長樓梯,小心腳步!

這裡的營業時間大概8:30~17:00

超鮮海產這裡吃
燈塔正下方會有海女阿姨和奶奶們當場處理海鮮漁獲,各類海鮮就放在紅色大盆裡,客人挑選後她們就會現場切做成生魚片上桌。一邊吃著生魚片,一邊聽著海浪拍打岩石的聲音,以超近距離欣賞大海。

太宗台的秘密故事
太宗台的名稱,據說來自於新羅第29代太宗武烈王,太宗巡視全國時,因為被此處美景吸引而停留,並在此遊玩射箭。又古時候,每當旱季到來,人們就會在太宗台祈雨,故每年農曆五月初一下的雨也稱為太宗雨。太宗在農曆五月十日駕崩當時也下了雨,之後每逢太宗忌日就會下雨,所以每年此時降下的甘霖都稱為太宗雨。

73

中央站
중앙역 / Jungang

過去階梯附近山上盡是木板屋

①40階梯文化觀光主題街
40계단문화관광테마거리

🚇地鐵1號線中央站11號出口，出站後步行約2分鐘。　🏠부산광역시 중구 40계단길 일대　⏰24小時開放

　40階梯是在韓戰中失散的人們重逢的場所，難民們在附近山上搭起許多木板房，並在此生活，當時密密麻麻的房舍，幾乎布滿山坡……從國民銀行中央洞分行開始，直到40階梯文化館為主，**這條長約450公尺的街道**，自2004年6月被選定為釜山市綜合評價最優秀街道，並**以充滿韓國戰爭苦難時代的哀怨與鄉愁的主題，在街道上設立許多能夠表達當時情景的銅像**，供人追憶昔日情景。

因錯視效果產生的驚險畫面

②特麗愛3D美術館
트릭아이미술관

🚇地鐵1號線中央站1號出口，出站後步行約4~5分鐘。　🏠부산 중구 대청로126번길 12 2층　📞051-715-4200　⏰10:00~18:00，週一公休。　💲成人₩8,000、兒童和青少年₩6,000，另外有與釜山電影體驗館的套票成人₩12,000、兒童和青少年₩9,000。
🌐www.trickeye.com/busan

　和釜山電影體驗館位於同一棟建築中的特麗愛3D美術館，雖然不大，卻有5個主題裝飾房間，以數十幅壁畫讓你拍個夠。**利用錯視效果，產生以假亂真的畫面**，不只如此，如果下載應用程式，這些原本靜態的場景，瞬間活了起來，變得更加刺激有趣！

③釜山電影體驗館
부산영화체험박물관

🚇地鐵1號線中央站1號出口，出站後步行約4~5分鐘。　🏠부산 중구 대청로126번길 12　📞0507-1377-4201　⏰10:00~18:00，週一公休。　💲成人₩10,000、兒童和青少年₩7,000，另外有與特麗愛3D美術館的套票成人₩12,000、兒童和青少年₩9,000。　🌐busanbom.kr

　被暱稱為BOM（Busan Museum of Movies）的釜山電影體驗館，是一處認識電影完整製作過程的好去處，不只是參觀，還能參與其中。除了能看到令人懷舊的老電影院、手繪電影看板歷史，以及各種老式攝影機和留聲機，也能聆聽全世界知名電影的配樂，如同巨星般製作自己的手掌印，不過最有趣的，是親自體驗包括拍攝、剪輯、配音等活動。

　在多個主題體驗館中，可以挑戰最新的拍攝技術，化身動作片或災難片演員，根據指示在綠幕前完成躲過子彈或逃離恐龍等動作，下一秒觀看合成後的影像，肯定能感受到演員有多難當！此外，還能搭乘時空旅行列車，透過影片認識釜山這座城市如何成為電影之都。

館內可以製作自己巨星般的手印

為自己寄張
未來明信片吧！

店內空間
寬敞明亮

往東橫Inn 釜山中央站店↑

1 40階梯文化觀光主題街
40계단문화관광테마거리

3 釜山電影體驗館
부산영화체험박물관

2 特麗愛3D美術館
트릭아이미술관

◎ 釜山鑽石塔
부산다이아몬드타워

◎ 龍頭山公園 용두산공원

4 Good ol'day
굿올데이즈카페

中央站 중앙역

地鐵1號線

換錢所集中區

往龍頭山公園
手扶梯

WONDERPLACE
원더플레이스

FILA Ⓣ

SPAO Ⓣ Nike

No Brand Burger
노브랜드버거

南浦站 남포역

樂天百貨
롯데백화점

樂天超市
LOTTE Mart

值得一探的
文青咖啡廳

4 Good ol'days

굿올데이즈카페

📍地鐵1號線中央站1號出口，出站後
步行約2分鐘。 🏠부산 중구 중앙대로
41번길 5 ☎0507-1236-1798 🕐11:00~22:00
💰美式咖啡₩4,300、蛋塔₩4,000 🌐www.
instagram.com/goodoldays_cafe

創意
空間

位於轉角的一座獨棟建築，名稱來自「美
好的昔日時光」的Good ol'days不只是間
咖啡館，散發著滿滿的文青氣息。推門而
入，採用大量木頭和白色打造的空間，給人
寬敞且舒適的感覺。長長的吧檯，陳列著
令人食指大動的甜點，都是由店內的甜點
師傅當天製作，其中特別推薦蛋塔，咖啡除
了牛奶之外，也提供燕麥奶。

**店內最引人注意的是明信片牆，占據
滿滿一整面牆的空間，釜山動人的景色
全都展現於此。**前方還有桌子，展示著筆
記本、貼紙、標籤、鉛筆等文具。此外也
提供彩色鉛筆、紙膠帶、原子筆和各種印
章，讓你完成一張獨一無二的明信片，這
些明信片每月1日寄出，你可以指定在未
來三年的任何一個月份寄出。

釜山站
부산역 / Busan Station

① 釜山站

부산역

🚇 地鐵1號線釜山站 🏠 부산시동구 중앙대로 206 ☎ 1544-7788

　　釜山站是屬於韓國鐵道車站也是終點站,更**是韓國繼首爾站、東大邱站後第三多人使用的車站**,許多韓國人也都會利用KTX往來於釜山及首爾,或是將釜山與大邱安排一併遊玩時,也常利用釜山站。釜山站周邊的中央站與釜山港國際客運碼頭相鄰,可以前往濟州島、日本(大阪、福岡、下關、對馬)。

各種口味、造型的魚糕
令人眼花撩亂

② 元祖本錢豬肉湯飯

원조본전돼지국밥

45年傳統
不變的美味

釜山
必吃

🚇 地鐵1號線釜山站10號出口,出站後步行約4分鐘。 🏠 부산광역시 동구 중앙대로214번길 3-8 ☎ 051-441-2946 ⏰ 9:00~20:30 💲 豬肉湯飯₩10,000

　　這家店的豬肉湯飯嚐起來一點豬肉腥味也沒有,是韓國人之間的人氣名店,牆上也能看到很多藝人的簽名。本錢豬肉湯飯的湯頭**以豬骨熬煮而成,顏色較淡,湯飯內以瘦肉為主,吃起來軟嫩,份量十足**。一開始上桌的是原味湯飯,可以根據個人口味喜好,再加入韭菜或是辣椒醬和蝦醬調味,調整成自己喜歡的口味。正統韓式吃法是會倒入白飯及加上少許蝦醬一起吃,湯頭味道會更鮮甜。儘管店外常有人排隊,不過翻桌率很高,所以很快就能嚐到美味湯飯。

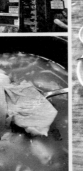

瘦肉為主讓人胃口大開的美味

③ 三進魚糕 釜山站廣藏店

삼진어묵 부산역광장점

🚇 地鐵1號線釜山站10號出口,出站後步行約4分鐘。 🏠 부산 동구 중앙대로214번길 7 ☎ 070-8877-5468 ⏰ 9:00~21:00 💲 單點魚糕₩1,000~₩5,000 🌐 www.samjinfood.com

　　身為釜山的老牌魚糕店,創立於1953年的三進魚糕,在韓國擁有多家門市。這間就位於釜山車站斜前方,看起來很像咖啡館或麵包店,店內也確實提供咖啡或紅茶,供你搭配享用各種魚糕。**店內魚糕選擇琳瑯滿目,從蔬菜、海鮮到熱狗……據說口味多達80種**。2樓附設座位區,也可以自行以微波爐加熱食物,並且提供免費高湯!

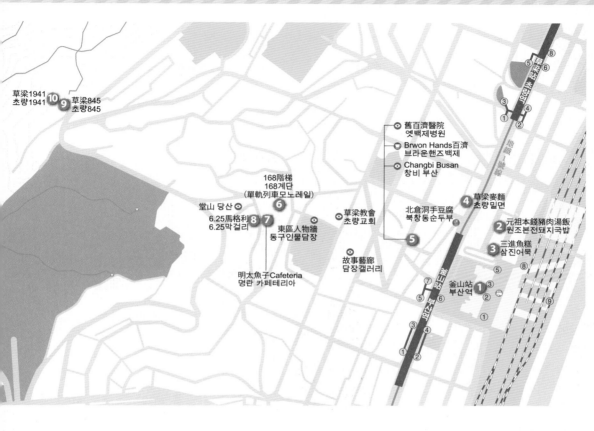

草梁1941
초량1941　10　9　草梁845
　　　　　　　초량845

舊百濟醫院
옛백제병원

Brwon Hands百濟
브라운핸즈 백제

Changbi Busan
창비 부산

草梁麥麵
초량밀면

168階梯
168계단
(單軌列車모노레일)　6

堂山 당산

6.25馬格利　8　7
6.25막걸리

東區人物牆
동구인물담장

草梁教會
초량교회

北倉洞手豆腐
북창동순두부　5

元祖本錢豬肉湯飯
원조본전돼지국밥　2

三進魚糕
삼진어묵　3

故事藝廊
담장갤러리

明太魚子Cafeteria
명란 카페테리아

釜山站
부산역　1

草梁故事街 초량 이바구길

全長1.5公里的草梁故事街，記錄著釜山的歷史面貌，從開港、解放後成為難民生活區，到1970~1980年代產業復興一路以來的點點滴滴。這條文化主題街道從南朝鮮倉庫舊址開始，經過舊百濟醫院、草梁國小旁的故事藝廊、168階梯、草梁堂山等，一直到望洋路劃下句點，沿途除了各個地標之外，景色也很優美，很適合花點時間好好散步。

4 草梁麥麵

초량밀면

地鐵1號線釜山站7號出口，出站後步行約5分鐘。　부산광역시 동구 중앙대로 225　051-462-1575　10:00~21:30　水麥麵和拌麥麵小碗₩6,500、大碗₩7,500

　位於釜山車站對面的草梁麥麵，**招牌料理是利用小麥粉製成的麵條做成的冷麵**，麵條Q彈爽口，以大骨、蔬菜和中藥熬成的湯底，非常鮮甜，加上碎冰與辣醬，吃起來又甜又辣，非常開胃。即使不是用餐時間一樣高朋滿座。店面就位於大馬路上，很容易找到。

冷麵融合酸辣甜滋味，讓人上癮！

釜山站
부산역 / Busan Station

結合咖啡廳與書店的美麗古蹟

散發往日氣息的紅色建築充滿存在感

❺ 舊百濟醫院
옛백제병원

🚇 地鐵1號線釜山站7號出口，出站後步行約3分鐘。 📍부산 동구 중앙대로209번길 16

達人激推

有著醒目的外觀，這座紅磚打造的建築，是釜山最早的現代綜合醫院，創建於1922年。1932年停業後，先後作為餐廳、日本軍官宿舍以及釜山治安司令部等使用，如今1樓是咖啡館、2樓是處對外開放的閱讀空間。儘管建築有些斑駁，依舊可以從它的結構感受昔日知名醫院的風華。

草梁1941 / 초량1941 ⑩
⑨ 草梁845 / 초량845

Brown Hands百濟
브라운핸즈백제

☎ 051-464-0332 🕐 10:00 ~ 21:30 💲 咖啡₩5,300起 🌐 www.brownhands.co.kr

空間設計展現獨特的個性

本業是設計和生產家具、燈飾等生活用品的Brown Hands，旗下也經營咖啡館，或者説比起咖啡館，更像是他們的展示店，陳設於Brown Hands百濟的所有東西，幾乎都來自自家產品！利用舊百濟醫院的1樓，咖啡館沒有將它改造的煥然一新，反而利用原本的元素，**打造出充滿戲劇性的空間，讓人彷彿走進時光隧道……**

Changbi Busan
창비 부산

☎ 051-714-6866 🕐 10:00 ~ 18:00，週一公休。 💲免費 🌐 www.brownhands.co.kr

以首爾為根據地的出版社，希望能為大家提供更好的閱讀空間，因此將舊百濟醫院2樓，改造成一處閱讀俱樂部，同時對所有人免費開放。**Changbi Busan的書籍包羅萬象，從漫畫到小説，都能隨意借閱。**雖然全是韓文書，不過空間非常舒服也很漂亮，如果在附近走累了，不妨上來坐坐休息一下，這裡也提供免費wifi喔。

就算看不懂韓書，這處空間也適合前來坐坐

地圖標示：
- 舊百濟醫院 옛백제병원
- Brwon Hands百濟 브라운핸즈 백제
- Changbi Busan 창비 부산
- **4** 草梁麥麵 초량밀면
- 168階梯 168계단（單軌列車모노레일）**6**
- **8** **7** 東區人物牆 동구인물담장
- 5馬格利 5막걸리
- 草梁教會 초량교회
- 北倉洞手豆腐 북창동순두부
- 故事藝廊 담장갤러리
- **5**
- **2** 元祖本錢豬肉湯飯 원조본전돼지국밥
- **3** 三進魚糕 삼진어묵
- 明太魚子Cafeteria 명란 카페테리아
- 釜山站 부산역 **7** **1** **6** **8**
- **9**

陡峭的階梯非常值得挑戰，特別是目前單軌電車維修停駛中……

階梯本身或兩旁都有可愛的裝飾

承載回憶的可愛藝術階梯

特色地標

6 168階梯

168계단

🚇 地鐵1號線釜山站7號出口，出站後步行約10分鐘。

🏠 부산 동구 초량동 994-552 🕐 階梯24小時開放，單軌電車目前維護中，預計2024年12月重新開通。 ☎ 051-253-8253 🌐 tour.bsdonggu.go.kr

過去比較貧窮的百姓，或是南遷的難民，只能居住在地勢比較高的地方。168階梯是山腹道路前往釜山港的捷徑，一旦人們在山腰上看到有船入港，就會從這條最快下山的道路奔往港口，尋求可能的工作機會……

總共由168級階梯組成，雖然階梯數看來不算太多，卻足足有6層樓高，也因此爬起來其實有些費力。然而過去在此生活的人，上上下下只是每天日常，甚至就連水都要在這裡挑。階梯下方的三座水井（如今只留下一座）成為重要水源，大家挑著扁擔、提著水桶、抱著水缸，在這裡排隊取水，也成了交換八卦的中心。

隨著時代過去，這裡不再成為人們聚集的地點，不過卻依舊刻畫著過往的點滴。**階梯兩旁如今出現幾家特色小店和藝廊，台階上裝飾著可愛的房屋造型磁磚，沿途還有幾座觀景臺。來到這裡不妨花點時間慢慢往上爬，欣賞裝置藝術作品，從平台眺望釜山風光。**

除了以步行方式走完168階梯，其實也可以搭乘單軌電車，這項交通工具是為了服務當地長者，而在後來興建的設施，車廂很迷你，最多只能搭乘8人。不過目前維護中，根據公告預計要到2024年12月才會再度重新開通。

多大浦海水浴場站
土城站
札嘎其站
松島（延伸行程）
南浦站
影島（延伸行程）
中央站
釜山站
凡一站
西面站（P.120-125）
東萊站
溫泉場站
釜山大站

釜山站
부산역 / Busan Station

牆壁和桌上寫滿來訪者的塗鴉

無論哪種煎餅都非常美味

⑦ 明太魚子Cafeteria
명란 카페테리아

🚇地鐵1號線釜山站7號出口，出站後步行約13~15分鐘。 📍부산 동구 영초윗길 22-1 🕐週二~六10:00~21:00，週日10:00~19:00，週一公休。 ☎051-440-4813 💲咖啡₩2,500起、明太魚子沙拉₩6,500

以「明太魚子」為名，顯然這間餐廳主打明太魚子料理，在這裡可以品嘗到以明太魚子做成的披薩、義大利麵和沙拉等食物。此外，這間餐廳的另一大特色，是俯瞰釜山港的遼闊視野，**位於168階梯頂端的它，天氣晴朗時還能清楚看到影島和銜接的橋梁，入夜後的景色更為迷人。**

店內還有明太魚子為造型的Q版周邊商品

老奶奶的香脆煎餅與濁酒

懷舊滋味

⑧ 6.25馬格利
6.25막걸리

🚇地鐵1號線釜山站7號出口，出站後步行約13~15分鐘。 📍부산 동구 영초윗길 21 🕐14:00~21:00 ☎051-467-7887 💲各種煎餅₩8,000、馬格利₩4,000

走完168階梯，就能看見這間位於對街的餐廳。沒有明顯的招牌，只有門口放著的看板。**6.25馬格利由老奶奶經營，以馬格利和煎餅為特色**，無論是辛奇煎餅或韭菜煎餅，都是滿滿的料，餅皮煎得香脆，非常好吃，搭配馬格利更是爽口。店內沒有什麼特別的裝潢，所有牆壁、甚至桌子都被前來用餐的人畫滿塗鴉，洋溢著些許懷舊氣息，是品嚐樸實美味的好去處。

居高臨下的地理位置擁有絕佳視野

⑨ 草梁845
초량845

🚇地鐵1號線釜山站7號出口，出站後步行約30分鐘。從168階梯步行前往約20分鐘。或是從釜山站前方公車站搭乘190號公車，在「화신아파트」站下，車程約7分鐘，後步行約3分鐘可達。 📍부산 동구 망양로533번길 8 🕐11:00~21:0 ☎051-465-0845 💲美式咖啡₩5,500、柚子茶₩7,000

就位於草梁1941下方的草梁845，外觀和前者截然不同，看來就像工廠或倉庫。內部裝潢也充滿工業風，簡單而開闊，最棒的是**面對釜山市區的大片玻璃，擁有絕佳的景觀。**不只如此，這裡的早午餐也很出色，無論麵包或義大利麵都有多種選擇，很值得推薦。

前身是倉庫所以空間特別挑高、開闊

草梁1941
초량1941 **10** **9** 草梁845
초량845

舊百濟醫院
옛백제병원

Brwon Hands百濟
브라운핸즈백제

Changbi Busan
창비 부산

168階梯
168계단
(單軌列車모노레일) **6**

堂山 당산

6.25馬格利
6.25막걸리 **8** **7** 東區人物牆
동구인물담장

草梁教會
초량교회

草梁麥麵
초량 밀면 **4**

北倉洞手豆腐
북창동순두부

元祖本錢豬肉湯飯
원조본전돼지국밥 **2**

三進魚糕
삼진어묵 **3**

故事藝廊
담장갤러리 **5**

明太魚子Cafeteria
명란 카페테리아

釜山站
부산역 **1** **7**

地藏1號線

彷彿時光
倒流的靜謐咖
啡廳

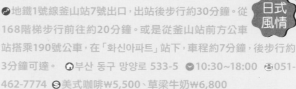

甜點也很精緻

多大浦海水
浴場站

土城站

札嘎其站

松島 延伸行程

南浦站

影島 延伸行程

中央站

釜山站

凡一站

西面站
(P.120~125)

東萊站

溫泉場站

釜山大站

10 草梁1941

초량1941

日式風情

🚇地鐵1號線釜山站7號出口，出站後步行約30分鐘。從168階梯步行前往約20分鐘。或是從釜山站前方公車站搭乘190號公車，在「화신아파트」站下，車程約7分鐘，後步行約3分鐘可達。📍부산 동구 망양로 533-5 🕐10:30~18:00 ☎051-462-7774 💲美式咖啡₩5,500、草梁牛奶₩6,800

位於山上望洋路的草梁1941，是一棟興建於1941的日本房舍，曾是日本商人的家。儘管如今搖身一變成了咖啡館，卻依舊散發濃濃的日式風情，白色的牆壁搭配大量木頭家飾，出現在角落的昔日用品，讓人感覺時光彷彿不曾在此流逝，即使情緒浮躁，來到這裡也能瞬間感到沉靜。

咖啡館內有許多不同的空間，其中主樓不開放小孩進入，即使如此，還是可以在附樓發現舒適的角落。此外，這間咖啡館以自製牛奶聞名，有著香蕉、紅茶、抹茶、咖啡香草等口味，不想喝咖啡或茶的人，不妨換個口味試試！

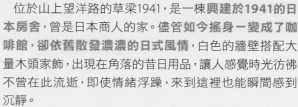

咖啡廳裡有著
各式各樣
不同的空間

凡一站
범일역 / Beomil

- **1** 60年傳統老奶奶湯飯 60년전통할매국밥
- **2** 凡一綠豆煎餅 범일빈대떡
- **3** 五福海帶湯 오복미역
- **4** 平和批發市場 평화도매시장 자유평화로
- **5** 自由批發市場 자유도매시장

朝鮮路 조방로

湯飯份量超多，就像回奶奶家吃飯一樣怕你吃不飽。

1 凡一洞奶奶湯飯

60년전통할매국밥

地鐵1號線凡一站7號出口，出站後步行約7分鐘。 부산 동구 중앙대로533번길 4 051-646-6295 10:00～19:00，週日公休 各式湯飯₩7,000

　由1956年從平壤到釜山避難的崔順福（최순복）奶奶創立，2006年起由奶奶的二媳婦接手，**開業至今已經走過60多個年頭，經過兩代傳承依舊屹立不搖，是釜山當地名店**，每到用餐時間常常高朋滿座。這家豬肉湯飯店跟其他家稍微不同的是，他們給的豬肉不是肉片，而是厚實的肉塊，帶著部分肥肉吃起來很柔軟。貼心的店家也根據客人不同的吃飯習慣，另有販售湯和飯分開的分式湯飯（따로국밥）。

為什麼韓國人這麼愛吃綠豆煎餅？

綠豆煎餅裡面含有鐵和胡蘿蔔素，是很有營養的食物，還有解毒的功效，所以不管是精神上或生理上感到很疲勞時，吃綠豆煎餅都能幫助補充所需的營養，達到恢復的效果。

2 凡一綠豆煎餅

범일빈대떡

《白種元三大天王》的名店

名廚推薦

地鐵1號線凡一站7號出口，出站後步行約8分鐘。 부산 동구 중앙대로 519 051-646-0081 15:00～24:00 綠豆煎餅₩12,000、蔥煎餅₩14,000

　綠豆煎餅是以前人家很常在家裡做來吃的料理之一，將綠豆放在石磨上磨成粉後，加入豬肉、豆芽菜等食材，用豬油小火慢煎至金黃，是有客人拜訪時的餐桌定番菜餚，甚至在韓國的歌曲中也出現過這樣一句歌詞：「돈 없으면 집에 가서 빈대떡이나 부쳐먹자.」（如過沒有錢的話，回家煎個綠豆餅什麼的吃吧。）

多大浦海水浴場站／土城站／札嘎其站／松島 延伸行程／南浦站／影島 延伸行程／中央站／釜山站／凡一站／西面站（P120~125）／東萊站／溫泉場站／釜山大站

> 主打海帶湯料理，擁有多種口味可供選擇。

❸ 五福海帶湯

오복미역

🚇地鐵1號線凡一站10號出口徒步約5分　🏠부산 부산진구 자유평화로3번길 14-21　☎051-805-4300　⏰10:00 ～ 21:00　💲鮑魚蛤蜊海帶湯(전복조개미역국)₩20,000

　　這家連鎖海帶湯專門店空間寬敞現代、環境整潔，有各種口味的海帶湯可以選擇，除了基本的牛肉之外，最熱門的莫過於比目魚、鮑魚和蛤蜊，點一份鮑魚蛤蜊海帶湯，有蛤蜊和兩顆鮑魚，加上整桌的小菜，吃起來暖身又飽足。

❹ 平和批發市場

평화도매시장

> 齊聚各種類型商家，感覺所有家中所需都能在此解決。

🚇地鐵1號線凡一站10號出口徒步約3分　🏠부산 부산진구 자유평화로 7　☎051-646-6561　⏰7:00 ～ 18:00，週日公休。　🌐www.bsph.kr

　　釜山的批發商場區，想撿便宜或是當作雨備景點都可以來這邊逛逛。共3層樓的商場，地下1樓販售一些居家小物，1樓進駐非常多的鞋子和包包店家，不論男女老少都可以找到適合自己的款式。2樓有襪子、棉被和較成熟的服飾，3樓則有不少童裝和風格較年輕的服飾。

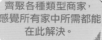

❺ 自由批發市場

자유도매시장

🚇地鐵1號線凡一站10號出口徒步約3分　🏠부산 동구 조방로 48　☎051-632-8785　⏰7:00 ～ 18:00　🌐busanjayu.com

　　自由批發市場的規模感覺比平和批發市場大，建築周邊就圍繞著許多雜貨店。1樓多是鞋包，**如想買韓國棉被的可以在2樓逛逛，有很多花色可以選擇**，3樓則是一整層的鮮花、乾燥花、盆栽以及花器等，還有許多精緻的居家小物裝飾，可以在這邊找到不少可愛的擺飾。

多大浦海水浴場站
土城站
札嘎其站
松島　延伸行程
南浦站
影島　延伸行程
中央站
釜山站
凡一站
西面站（P.120~125）
東萊站
溫泉場站
釜山大站

多大浦海水浴場站
土城站
札嘎其站
松島 延伸行程
南浦站
影島 延伸行程
中央站
釜山站
凡一站
西面站 (P.120~125)
東萊站
溫泉場站
釜山大站

東萊站
동래역 / Dongnae

彷彿涼亭的西將台擁有美麗的建築結構

❶ 東萊鄉校
동래향교

🚇地鐵1、4號線東萊站4號出口，出站後步行約15分鐘。或是在4號出口對面搭乘東萊區6（동래구6）、東萊區6-1（동래구6-1）號小巴在「명륜초등학교」站下車，站牌對面就是。 🏠부산 동구 동래로 103 ☎051-552-4160 🌐www.dongnae.go.kr/tour/index.dongnae?menuCd=DOM_000000401002031029

　東萊鄉校建於李氏朝鮮時代初期，1592年被日本侵略時燒毀，1605年遷移到其他地方重建，1813年才被遷回現址。經歷波折的**東萊鄉校，主要是當時上層階級子弟為準備科舉考試的學習之處**。內有明倫堂以及兩側的東西齋，還有後方的大成殿，雖已無人在此上課，但還是透露著幾分文學氣息。

❷ 東萊邑城
동래읍성

記載釜山前身記憶的城墎

歷史名所

🚇見【如何前往東萊邑城】 🏠부산 동구 명륜동 산48-2 ☎051-550-6634 🕐9:00~18:00，週一公休。

　東萊邑城是釜山的代表性城墎，朝鮮時代所建立，高處有四道城門作為防禦及監視之用，西元1592年壬辰倭亂的戰爭遺址之一，到了秋季，古典壯闊的城墎和滿山紅葉同框，是熱門賞楓景點。

　東萊邑城的範圍廣大，從城墎起點上去，依序會經過西將台（서장대）、北門，以及東萊邑城博物館和蔣英實科學花園，往另一邊下山則可以抵達福泉博物館（복천박물관）。城墎旁都有階梯可以行走，如果想要輕鬆一些也可以選擇一旁的平緩坡道。

如何前往東萊邑城

從地鐵站出發：地鐵1、4號線東萊站4號出口，出站後步行約22分鐘。或是在4號出口對面搭乘東萊區6（동래구6）、東萊區6-1（동래구6-1）號小巴在「현대아파트」站下車，會看到右邊馬路對面有座很大的住宅社區「現代公寓」。由於東萊邑城就在住宅社區後面，往右邊過馬路後，向上坡前進，經過社區後會到達一個交叉口，往左邊走就可以看到左方有東萊邑城的城墎和登山步道。

從東萊鄉校出發：往前直行一點就可以看到「현대아파트」公車站和對面的住宅社區，再按照上面的方式繼續往下走。

東萊邑城博物館
동래읍성역사관

🏠 부산 동래구 동래역사관길 18 ☎051-550-4488 🕐9:00~17:00，週一公休。
💲免費

　北門的另一側，是東萊邑城博物館和蔣英實科學花園。**東萊邑城博物館外觀採用傳統韓式建築，內部展示了許多東萊邑城相關歷史與文物**，對歷史有興趣的可以多花點時間入內參觀。

北門
북문

　從西將台繼續往上走，會在一處高點開始下坡，此時沿路城垛旁插滿了更多旗幟，宏偉出現於遠遠前方的建築就是北門。**北門旁的萊州築城碑，記錄著英祖7年鄭彥燮擴建東萊邑城的歷史**，前方則有兩位守門侍衛。

　值得一提的是，北門前方有一個下坡階梯，順著直走就可以抵達福泉博物館，館外公車站可以搭公車返回地鐵站。

蔣英實科學花園
장영실과학동산

🏠 부산 동래구 동래역사관길 18 ☎051-550-4488 🕐4~10月9:00~18:00、11~3月9:00~17:00，週一、元旦、春節、中秋節公休。 💲免費

　和北門遙遙相望的這座花園，是為了紀念蔣英實而建的科學花園。蔣英實是朝鮮王朝世宗時期相當著名的發明家，許多韓國史劇都曾出現這號人物，甚至成為主角。

　蔣英實出身貧賤卻很有才華，世宗發現他的才華後排除眾議授予官職，而他最有名的發明是1442年朝鮮半島歷史上第一個雨量計，以及渾天儀和日晷等，其中一項發明品水鐘還被印在一萬韓幣紙鈔上。**在科學花園內可以看到許多著名的發明模型，也有導覽解說。**

可以看見許多蔣英實發明的儀器模型

溫泉場站
온천장역 / Oncheonjang

進貢國王的東萊美食

道地美味

① 傳聞中的蔥煎餅
소문난동래파전

🚇地鐵1號線溫泉場站1號出口，出站後步行約15分鐘。　🏠부산 동래구 금강공원로 55　☎051-553-5464　🕐10:00~22:00，每月第一個和第三個週一公休（遇假日順延）。　💲蔥煎餅₩15,000　🔗blog.naver.com/gudgml1

　　曾被韓國美食節目《白種元的三大天王》報導過，因而人氣更高，是前往金剛公園必吃的美食，**煎餅中看得到大蔥，還有魷魚、蝦等多樣海鮮，吃得出海鮮鮮味**以及蔥餅加蛋的美味，口感卻不油膩。搭配一碗湯麵清爽飽足。

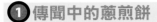

吃得到滿滿海鮮與大蔥

↑往 ④ 金井山城 금정산성

金剛公園 금강공원

③ 金剛山纜車 금강공원 금강케이블카

東萊溫泉露天足浴 동래온천노천족욕탕 ②

傳聞中的蔥煎餅 소문난동래파전 ①

地鐵1號線

② 東萊溫泉露天足浴
동래온천노천족욕탕

🚇地鐵1號線溫泉場站1號出口，出站後步行約12分鐘。　🏠부산 동래구 금강공원로26번길　☎051-550-6602　🕐10:00~17:00，週一、二公休。　💲免費

　　從古代就流傳東萊溫泉可以治百病，傳說病人只要泡過東萊溫泉都會好轉，是韓國最古老的溫泉之一。因為**據說對慢性病有治癒效果**，只要天氣不錯，這裡的露天足浴就時常吸引許多老年人前來泡腳。要注意冬季和夏季都有一個月不開放，下雨天以及天氣惡劣的話也會關閉喔。

享受最古老的韓式免費露天足湯

金剛山是附近居民的休閒好去處

金剛山纜車
금강공원 금강케이블카

🚇地鐵1號線溫泉場站1號出口，出站後步行約22分鐘。 📍부산 동래구 우장춘로 175-146 칠성암 ☎051-860-7880 🕐3~10月平日9:30~17:30、週末9:30~18:00，11月9:30~17:30，12~2月平日9:30~17:00、週末9:30~17:30。💰成人來回₩11,000、兒童₩8,000、65歲以上₩9,000；成人單程₩7,000、兒童單程₩5,000、65歲以上₩6,000 💳www.bisco.or.kr/geumgangpark/sub/sub02/sub02_1

金剛山纜車長1,260公尺，直上海拔540公尺高的金井山山頂，它**是韓國最長的雙線纜車**，纜車沿途可眺望海雲臺、釜山市區等景觀，秋天更是賞楓景點。有餘裕的話，也可以走一點山路到位於頂峰的金井山城欣賞古蹟。

沿途可以欣賞東萊和釜山市區風光

③ 金剛公園
금강공원

🚇地鐵1號線溫泉場站1號出口，出站後步行約22分鐘。 📍부산 동래구 우장춘로 175-146 ☎051-860-7880 🕐9:00~18:00 💳www.bisco.or.kr/geumgangpark

　金剛公園就在金剛山山腳下，總面積93萬6千坪，公園內滿滿的樹木，是依山而成的大型公園。裡面有釜山海洋自然史博物館、釜山民俗藝術館，還有金剛寺、金剛體育館等設施，也有供小孩放風的自然遊樂場，當中最受歡迎的是金剛山纜車。

從這裡健行前往位於山腰的梵魚寺 (범어사) 約需4小時

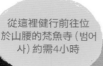

④ 金井山城
금정산성

一探韓國最大山城古蹟

健行推薦

🚇地鐵1號線溫泉場站1號出口，出站後步行約22分鐘，再轉搭金剛山纜車前往。 📍부산 금정구 북문로 78-5 ☎051-514-5501 🕐24小時 💰免費

　盤據釜山東北側的金井山，**山上修築了長達17,333公尺的城牆，以及東、西、南、北4座城門，據推測最早完成於三國時代的新羅**，是韓國規模最大的山城。日軍侵略時期曾遭受嚴重的破壞，1971年開始著手修復工程，並定為國家史蹟。從纜車站順著登山道大約20分鐘腳程，可達1.3公里處的南門 (남문)，可再從這裡沿著城牆前往東門或北門等健行路線。

南門是座八字屋頂的單層門樓

(P.120~125)

浴場站水多大浦海 ｜ 土城站 ｜ 札嘎其站 ｜ 松島 延伸行程 ｜ 南浦站 ｜ 影島 延伸行程 ｜ 中央站 ｜ 釜山站 ｜ 凡一站 ｜ 西面站 ｜ 東萊站 ｜ 溫泉場站 ｜ 釜山大站

釜山大站
부산대역 / Pusan Nat'l Univ.

多大浦海水浴場站
土城站
札嘎其站
松島 延伸行程
南浦站
影島 延伸行程
中央站
釜山站
凡一站
西面站 (P.120~125)
東萊站
溫泉場站
釜山大站

8 nonfinito 논피니토

釜山大學 부산대학교

6 NC百貨 NC백화점 부산대점

5 吐司巷

7 李興容糕餅店 이흥용 과자점

cocorobox 코코로박스

地鐵1號線

CAFE, MEAN 카페민
4
THE HARUNA 더하루나
3 Etalee 에타리
2 Mond Coffe 몬트커피 부산대점 플래그쉽
1
neung sun 능선

釜山大學站 부산대역

3 4
1 2

WOODEN PLACE COFFEE 우든 플레이스

Carefor coffee 케어포커피

釜山大咖啡街

韓國大學周邊通常是尋找咖啡廳和美食的好去處。釜山大學與地鐵站之間有一小塊區域,發展出走兩步就是一間咖啡廳的有趣現象,且各個都有獨特的裝潢特色,甚至偌大的兩層樓建築比比皆是,供應的餐點也各有魅力,釜山大學生真是太幸福了!
🚇地鐵1號線釜山大站1號出口,出站後步行約5分鐘。

在美式小花園喝杯咖啡

打卡熱點

綠色草皮讓人秒穿越野餐現場

1 Carefor coffee
케어포커피

📍부산 금정구 장전로12번길 15 📞010-4215-1465
🕐12:00~23:00 💲蘋果肉桂可頌₩6,000
www.instagram.com/carefor_coffee

　這棟有著迷你花園的小宅,大大的紅色招牌充滿美式庭園風。活潑字體寫滿的方形大窗,加上窗外繽紛座椅,秒變超夯戶外打卡座位,內部則偏工業風,每個角落都很有氣氛,樓上也有綠色草坪的露天座位區,像極了野餐。供應可頌、鹽味捲、費南雪和司康等糕點,尤其是蘋果肉桂可頌(애플 시나몬 크루아상)為現點現做。下午時分幾乎一位難求。

② Mond Coffee
몬트커피 부산대점 플래그쉽

🏠부산 금정구 장전로18번길 20　☎0507-1486-9003　🕐12:00~22:00　💲玉米奶油拿鐵₩6,000　📷www.instagram.com/mondcoffee_flagship

　　釜山大咖啡街的咖啡廳各個都是獨棟建築，戶外座位區以白色陽傘布置，搭配綠白跳色的色調，這間咖啡廳從外觀上就給人繽紛活耀的感覺。內部色彩一樣繽紛，植栽也讓人有身處大自然的感覺，特別是**二樓的露天座位區使用露營桌椅，加上綠色草皮，真的宛如露營現場！**

不用離開城市也能感受露營氛圍

③ Etalee
에타리

🏠부산 금정구 장전로18번길 23　☎070-4015-3608　🕐12:00~22:00　💲蛋塔₩3,000　📷www.instagram.com/_etalee

　　以咖啡色窗框和紅磚瓦牆點綴的白色兩層樓建築，以及竹編椅座位區，天氣好的話這排戶外座位一定全滿。Etalee是葡式蛋塔專門店，**最經典的口味是起司，還有抹茶起司、巧克力起司、胡桃、核桃、奶油玉米等選擇**，只要點個蛋塔加一杯飲料，就可以坐在店內享用，除了一樓室內和戶外，也有二樓的露天雅座。當然也可以外帶！

咖啡廳洋溢異國風情的外觀

下午一位難求的露天座位

④ CAFE, MEAN
카페민

🏠부산 금정구 장전로20번길 27　☎0507-1497-2486　🕐12:00~22:00　💲可頌鬆餅Croffle₩9,500　📷www.instagram.com/cafe.mean

　　白色磚瓦造型外牆，搭配中央咖啡色大門，以及點綴在牆上的數盞小燈，還以為來到了巴黎街頭！轉角處這間CAFE, MEAN，外觀設計相當引人注目，吸引許多人在此街拍，內部則是走隨興慵懶風，共三層樓的風格也不盡相同，**可頌鬆餅Croffle**（브라운치즈 크로플）**是必點。**

多大浦海水浴場站

土城站

札嘎其站

松島 延伸行程

南浦站

影島 延伸行程

中央站

釜山站

凡一站

西面站（P.120~125）

東萊站

溫泉場站

釜山大站

釜山大站
부산대역 / Pusan Nat'l Univ.

6 NC百貨
NC백화점 부산대점

地鐵1號線釜山大站3號出口，出站後步行約12分鐘。 부산 금정구 부산대학로63번길 2 051-509-7000 10:30~21:00

到韓國不一定只能逛樂天百貨和新世界百貨！這間NC百貨雖然分店不如前兩家多，但它進駐的多是平價小眾品牌，男女裝、鞋包都有，**也不乏多間韓國美妝和飾品，以及韓國國民服飾SPAO、SHOOPEN、WHO.A.U等**，直接開在大學旁對大學生來說真是逛街福音。

各種年輕人喜愛的品牌在這裡都找得到

5 釜山大學正門吐司巷
정문토스트

地鐵1號線釜山大站3號出口，出站後步行約12分鐘，就在釜山大學正門口旁。 010-2570-5520 約8:00~1:00

雞胸肉吐司(닭가슴 토스트)₩4,000

釜山大學正門旁聚集許多吐司早餐攤販，檯面上就放有許多吐司、雞蛋和水果，用著繽紛紙板寫上菜單，**有起司、香腸、鮪魚、雞胸肉、年糕排骨、海鮮、烤肉、培根、地瓜等等多種料可選擇，還可以加價加起司**。將吐司放在工作台上一片片煎、放上夾料、蛋、生菜等，用紙盒裝的三層吐司，再搭配一杯現打果汁，份量超飽足。

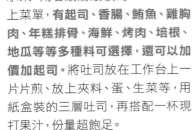

釜山大學 부산대학교

8 nonfinito 논피니토

6 NC百貨 NC백화점 부산대점

5 吐司巷

7 李興容糕餅店 이흥용 과자점

cocorobox 코코로박스

CAFE, MEAN **4** 카페민
THE HARUNA 더하루나
Mond Coffe 몬트커피 부산대점 플래그쉽
3 Etalee 에타리
2
1

neung sun 능선

WOODEN PLACE COFFEE 우든 플레이스

Carefor coffee 케어포커피

地鐵1號線

釜山大學站 부산대역

7 李興容糕餅店

이흥용 과자점

各色糕點、麵包
讓人垂涎

🚇地鐵1號線釜山大站3號出口，出站後步行約10分鐘。 🏠부산 금정구 부산대학로63번길 30 ☎0507-1431-4454 🕐8:30~21:00 💲鹽味麵包2入₩3,800 🌐www.instagram.com/lee_heung_yong

　　這間是釜山大學區有名的法式麵包店，共三層樓，1樓就像一般麵包店一樣，多種麵包可以選擇，其中**鹽味麵包（소금빵）是這邊的招牌，還有瑞士捲、起司蛋糕、手工餅乾等糕點**。2樓和3樓則是販售蛋糕和用餐區，當然也有大尺寸的各式蛋糕可供外帶。

8 nonfinito

논피니토

🚇地鐵1號線釜山大站3號出口，出站後步行約8分鐘。 🏠부산 금정구 금정로 94 ☎0507-1417-5559 🕐11:00~22:00（目前長期公休中，欲前往請先上網查詢是否營業。）💲香草拿鐵₩5,500 🌐www.instagram.com/cafe_nonfinito

　　在釜山大學周邊大街上，偌大的白色現代建築很引人注目。這間nonfinito可是大學生中人氣很高的早午餐店，**落地窗加上全白裝潢讓整個空間感覺開闊，座位區不少，但整體不會讓人感到擁擠**，中央以人像照片做設計的梁柱直通二樓，彷彿讓人置身藝廊。司康、布朗尼等各款糕點都像展覽品一般陳列，還有販售自家設計的杯子喔。

多大浦海水浴場站
土城站
札嘎其站
松島 延伸行程
南浦站
影島 延伸行程
中央站
釜山站
凡一站
西面站（P.110~125）
東萊站
溫泉場站
釜山大站

釜山地鐵2號線
부산 도시철도 2호선

Data
起訖點_梁山站←→萇山站
通車年份_1999
車站數_43個
總長度_45.2公里
起訖時間_約05:04~23:24(各起站不一)

釜山地鐵2號線路線自慶尚南道梁山市梁山站，至釜山市北區、沙上區、釜山鎮區、南區、水營區至海雲臺區萇山站，自1991年動工，並於2008年全線正式開通運營。2號線也是唯一與其他釜山地鐵皆有交錯的路線(除4號線)，於德川站及水營站可換乘3號線，沙上站可換乘釜山金海輕軌，西面站可換乘1號線，教大站及BEXCO站（市立美術館）可換乘東海線。

西面站

西面是地鐵1、2號線交界點，除了是最佳住宿地選擇，找尋市場裡的隱藏美食更是樂趣之一。

機張手工刀削麵
市場裡的傳統美食，就連韓國人氣名廚白種元也大推的美味刀削麵！

Centum City站

Centum City是一處大型複合都市開發計劃區，在這裡不只兩大百貨公司齊聚，適合喜歡逛街購物的人走上一趟，還有釜山國際電影節的舉辦場地電影殿堂。

新世界 Centum City
全世界最大的百貨公司，擁有21個名品館，多達622個國際知名品牌進駐，此外還有溜冰場、電影院、汗蒸幕、侏羅紀公園等設施。

路線圖站名：
金谷 238
谷金곡금
東院 237
동원院院
栗里 236
율리里里
華明 235
화명明明
水亭 234
수정亭亭
德川 덕천 ③ ②
龜明 232
명구明明
龜南 231
남구南南
毛羅 230
모라毛毛
毛德 229
모덕毛毛
德浦 228
덕포德德
沙上 사상 ⓖ ②

239 호湖포浦
240 증甑산山
241 부釜산山대大양梁산山캠分퍼교校스
242 남南양梁산山
243 양梁산山

감甘전田 226
주周례禮 225
냉冷정井 224
개開금琴 223
동東의義대大 222
가伽야倻 221
부釜암巖 220
西面 서면 ① ②
田浦 전포 218
國際金融中心·釜山銀行 국제금융센터·부산은행 217
門峴 문현 216
支架谷 지게골 215
吳池골谷 214
大연淵 213

P.120-125
P.112-119

田浦站

田浦站多個出口出站即達「田浦咖啡街」，三條街林立著風格各異的店家，文青咖啡店、人氣的點心店、麵包店都在這裡了！

田浦咖啡街
原本是工業用品商店街的這裡，在進駐多家特色咖啡廳後搖身一變成為新潮咖啡街。

廣安站

想前往廣安里海水浴場，除了廣安站以外，也能在金蓮山站下車。附近還有南川洞櫻花路，春天時不妨從金蓮山站一路賞花一路散步到海灘。

廣安里海水浴場
踩在鬆軟的沙灘上，欣賞釜山最知名的地標之一「廣安大橋」，夜晚一到更化身為閃耀的鑽石大橋。

釜山地鐵2號線

海雲臺站

　　每年都吸引無數遊客的海雲臺海水浴場是著名的度假勝地，除了外國人愛去，就連韓國當地人也喜歡在夏季前往海雲臺避暑。

海雲臺
海雲臺位在釜山東北海岸邊，擁有綿延2公里的細白沙灘，是韓國著名的海水浴場，沿著海灘聚集眾多頂級飯店。

中洞站

　　過去遊客前往釜山，搭乘地鐵2號線最遠大多坐到海雲臺站。不過隨著海雲臺藍線公園的開幕，中洞站變得重要起來，來到這裡除了搭乘列車往來於尾浦和青沙浦之間，還能站上Busan X the Sky，從驚人的角度欣賞釜山！

海雲臺藍線公園
昔日廢棄的東海南部線軌道，如今提供行走於地面上的海岸列車（해변열차）和高架軌道的天空膠囊列車（스카이캡슐），是釜山這幾年來最熱門的新景點。

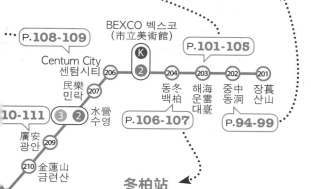

P.108-109

Centum City
센텀시티 ── 206

民樂
민락 ── 207

水營
수영

P.110-111
廣安
광안 ── 209

210 金蓮山
금련산

BEXCO 벡스코
（市立美術館）

Ⓚ
②

204 동冬
백柏

203 해海
운雲
대臺

202 중中
동洞

201 장莫
산山

P.101-105

P.106-107

P.94-99

③ ②

冬柏站

　　離冬柏站最近的冬柏公園坐落在海雲臺海水浴場的最南端，沿著散步路線即可徒步抵達海雲臺海邊。

世峰APEC會議之家
2005年APEC亞太經濟高峰會議而建的會場，由於位在冬柏島的制高點，四周的景觀皆可一覽無遺。

Stop by Stop零殘念精華路線推薦
達人帶你玩
釜山地鐵2號線

中洞站

➡️ **1** 海雲臺藍線公園
建議參觀時間：90~120分鐘
搭乘天空膠囊列車前往青沙浦遊玩，再搭乘海岸列車回來。(見P.96-97)

海雲臺站

➡️ **2** 釜山水族館
建議參觀時間：90~120分鐘
在沙灘上散步後，也去看看迷人的海底世界！(見P.105)

廣安站

➡️ **3** 星星床
建議參觀時間：60~90分鐘
室內座位有坐、有躺，更有床墊型座位可以看海、發呆一下午。(見P.111)

田浦站

➡️ **4** 文創品牌選物店
建議參觀時間：60~90分鐘
田浦除了咖啡街，也有不少文創品牌選物店，文青千萬別錯過。(見P.116-119)

西面站

➡️ **5** 尋訪美食
建議參觀時間：60~90分鐘
西面聚集大量美食店，從部隊鍋、烤小章魚、韓定食……挑間大快朵頤。(見P.120-125)

釜山地鐵 **②** 號線

中洞站
중동역 / Jungdong

踩著月光
欣賞海雲臺的夜景

©韓國觀光公社

❶ 迎月路
달맞이길

🚇地鐵2號線中洞站7號出口，出站後步行約10分鐘可到迎月路入口。 📍부산광역시 해운대구 달맞이길 190 ☎051-749-5700 ⏰24小時

伴隨著大海、沙灘和松樹，延伸於海雲臺尾浦與青沙浦之間的迎月路，因為絕美的景致而被選為釜山八景之一。這條海邊山又有「釜山蒙馬特」之稱，除了可以眺望海雲臺半月形的潔白沙灘，沿途還有不少餐廳、咖啡館和酒吧，可以一邊賞景一邊感受悠閒風情。入夜後，踩著月光散步，氣氛相當浪漫，成為情侶熱愛的約會地點。4月時，道路兩旁盛開的櫻花，又讓它成為賞櫻勝地。

嘗得到
鮮甜的滋味

❷ 海雲臺瓦房鱈魚湯 本店
해운대기와집대구탕 본점

🚇地鐵2號線中洞站7號出口，出站後步行約18分鐘。 📍부산 해운대구 달맞이길104번길 46 ☎051-731-5020 ⏰8:00~21:00 💲鱈魚湯₩14,000

在韓國當地相信吃鱈魚可以補身健胃，並且有醒酒的作用。這家店採用新鮮鱈魚，湯的用料也超大方，魚肉燉煮得入口即化且份量多，CP值很高！也因此雖然店內只賣一種料理，生意依舊很好，包廂房內滿滿的偶像明星簽名照，據說這家店是藝人來釜山必吃的美食店之一。

買個印有X the SKY標誌的燒酒杯做紀念

中洞站

延伸行程
青沙浦

海雲臺站

冬柏站

Centum City站

廣安站

田浦站

西面站

❸ 釜山 X the SKY

부산엑스더스카이

🚇地鐵2號線中洞站7號出口，出站後步行約16分鐘。 🏠부산 해운대구 달맞이길 30 100층
☎051-731-0099 ⏰10:00~21:00 💰大人 ₩27,000、兒童₩24,000 🌐www.busanxthesky.com

位於韓國第二高建築海雲臺LCT Land Mark Tower（411.6公尺）的98~100層，**釜山 X The Sky是韓國最大的觀景台，能同時看見海雲臺的遼闊海景**，以及釜山的城市風光，包括廣安大橋、釜山港大橋、迎月嶺、二妓臺等知名地標或名勝，都能盡收眼底。

參觀從100樓展開，這裡有座Shocking Bridge，以透明玻璃打造的地板，讓你能從腳底往下看，體驗「懸浮」於384公尺高空中的刺激感。99樓有餐廳、全韓國最高的星巴克（必需從98層的階梯前往），以及一座露天小平台Sky Garden。98樓則附設開放式休息區、紀念品商店X the Gift，以及其他咖啡館等。無論哪個樓層，都規劃了可以賞景的全景觀景區，提供各種不同的高度與角度。

透明玻璃打造的Shocking Bridge挑戰膽量

❿❽ ❻❹
⓬ 中洞站 중동역 ❷
⑨ ❺❸ ① 地鐵2號線
❼

① 迎月路入口
달맞이길입구

❸ 釜山 X the SKY
부산엑스더스카이

海雲臺藍線公園 尾浦站 ❹
해운대 블루라인파크 미포정거장

❷海雲臺瓦房鱈魚湯
해운대기와집대구탕

往青沙浦→

95

中洞站

青沙浦

延伸行程

海雲臺站

冬柏站

Centum
City站

廣安站

田浦站

西面站

中洞站
중동역 / Jungdong

五顏六色彷彿玩具般可愛的天空膠囊列車

海岸列車有著復古的造型

© 韓國觀光公社

④ 海雲臺藍線公園（尾浦站）

해운대블루라인파크（미포정거장）

🚇地鐵2號線中洞站7號出口，出站後步行約20分鐘。 🏠부산 해운대구 달맞이길62번길 13 ☎051-701-5548 ⏰3~4月9:30~18:30、5~6月9:30~19:30、7~8月9:30~20:30、11~2月9:30~18:00 🌐www.bluelinepark.com 💰天空膠囊列車：單程1~2人₩30,000、3人₩39,000、4人₩44,000（每車最多搭乘4人）。海岸列車（每人）：單程₩7,000、兩趟₩10,000、一日券₩13,000。天空膠囊列車與海岸列車套票（各一趟）：2人₩50,000、3人₩66,000、4人₩80,000。

透過兩種列車盡攬東海岸之美

釜山必訪

　　説起釜山這幾年最熱門的新景點，非海雲臺藍線公園莫屬，昔日廢棄的東海南部線軌道，經過重新設計，如今成為親近環境的觀光設施。**全長4.8公里，沿途設有尾浦（미포）、青沙浦（청사포）和松亭（송정）三大站**，串連起過去對遊客來説交通較不方便往來的海雲臺與松亭。

　　海雲臺藍線公園提供兩種觀光列車，行走於地面上的海岸列車（해변열차），利用的正是昔日的火車軌道。**海岸列車是電車型列車**，採長列式座椅且自由入座，**所有座位都面向大海**，沿途能飽覽釜山東部美麗的海岸風光。

　　海岸列車往返於尾浦和松亭之間，總共有6站，你可以隨意上下車，只不過一旦下車後，該趟車票就失效（和你有沒有搭完全程無關），想再搭乘就得再使用另一張票，如果搭完全程大約需要30分鐘。

　　至於行走於高架軌道的**天空膠囊列車（스카이캡슐），只往來於尾浦和青沙浦之間，全長2公里**，走完全程大約30分鐘。猶如膠囊般迷你的可愛車廂，每車廂最多可搭乘4個人（頂多多加一位7歲以下小孩共乘），讓你從7~10公尺高的空中，欣賞海雲臺的美景。

想順利搭乘，請事先預約！

由於非常受歡迎，特別是週末或假日，建議事先上網預訂，其中特別是天空膠囊列車，以免到了現場沒有座位，白跑一趟。海岸列車通常不需要預約，可以車到就上。但是如果你想同時預約天空膠囊列車與海岸列車，記得兩者間班次至少要相隔30分鐘，以免來不及銜接。以去程搭乘9:00的天空膠囊列車為例，回程海岸列車就得安排在10:00之後。

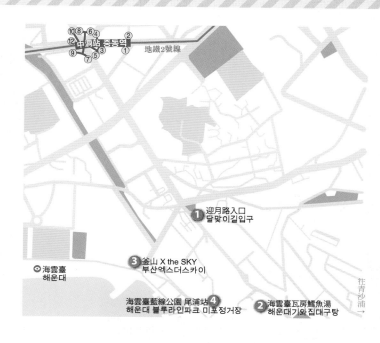

① 迎月路入口
  달맞이길입구

③ 釜山 X the SKY
  부산엑스더스카이

◎ 海雲臺
  해운대

海雲臺藍線公園 尾浦站 ④
해운대 블루라인파크 미포정거장

② 海雲臺瓦房鱈魚湯
  해운대기와집대구탕

往青沙浦→

中洞站

延伸行程

青沙浦

海雲臺站

冬柏站

Centum City站

廣安站

田浦站

西面站

海雲臺藍線公園紀念品店

　　雖然在尾浦站和青沙浦站都有藍線公園紀念品店，不過青沙浦站的那間更大，出站前記得去逛逛。在這裡可以買到許多相關紀念品，像是天空膠囊列車的明信片、青沙浦紅白燈塔的磁鐵、海雲臺藍線公園的透卡……都是以手繪圖案方式呈現，有的文青、有的可愛、有的復古，讓人很想全都帶回家。

列車怎麼安排最好玩？

一般人通常會想兩種列車都搭乘，但是要怎麼坐，才能讓行程更完美？

建議去程可以從尾浦搭乘天空膠囊列車到青沙浦，因為這段軌道靠海那側，可以將一望無際的海景盡收眼底，回程就從青沙浦搭乘海岸列車折返尾浦。

如果只想搭乘天空膠囊列車，也可以從青沙浦沿著海岸列車旁的步道，一路慢慢走回尾浦。值得一提的還有，青沙浦附近有座踏石展望台，來到這裡千萬別急著離開，也去看看這座伸出於海上的展望台吧！

中洞站
延伸行程
青沙浦
海雲臺站
冬柏站
Centum City站
廣安站
田浦站
西面站

中洞站延伸行程↩

青沙浦
청사포 / Cheongsapo

青沙浦踏石展望台 **3**
청사포다릿돌전망대

青沙浦踏石展望台遊客諮詢中心 **2**
청사포다릿돌전망대 관광안내소

海雲臺藍線公園 青沙浦站
해운대 블루라인파크 청사포정거장

青沙浦平交道
청사포 건널목

4 Alice甜甜圈
엘리스도넛

1 青沙浦紅燈塔
청사포어항 복방파제등대

青沙浦白燈塔
청사포어항 남방파제등대

©韓國觀光公社

1 青沙浦紅燈塔

청사포어항복방파제등대

🚇從海雲臺藍線公園青沙浦站步行前往約3分鐘 📍청사포어항 복방파제등대 🕐24小時

　搭乘海雲臺藍線公園的列車抵達青沙浦站後,出站穿過「櫻木花道平交道」往海邊方向走去,會先看到一座有著觀景平台的白色燈塔,這裡是巴士站。從它前方的路右轉,沿著堤道往前走,就會來到**青沙浦地標之一的紅燈塔**。燈塔沒有對外開放,不過四周有座小平台,人們會繞行它欣賞周邊風景。

讓人想起《灌籃高手》的平交道

青沙浦平交道

因為海雲臺藍線公園的出現,讓青沙浦意外多了一個景點!
原本默默無聞的青沙浦平交道,因為同樣以大海為背景,讓人聯想起日本動漫《灌籃高手》中的櫻木花道平交道,也因此成為釜山最新打卡景點。每當大家搭乘列車抵達這裡後,總是不願離去,全都在平交道附近的馬路邊尋找最佳位置,接下來就等著海岸列車經過,然後快速地按下快門。

把你的願望寫在木牌上吧!

2 青沙浦踏石展望台遊客諮詢中心

청사포다릿돌전망대 관광안내소

🚇從海雲臺藍線公園青沙浦站步行前往約10分鐘 📍부산 해운대구 중동 508-3 ☎051-749-5720 🕐9:00~18:00

　前往青沙浦踏石展望台途中,會先經過遊客諮詢中心。諮詢中心位於3樓,裡頭還有一間商店,販售相關紀念品,除了明信片、T恤、鑰匙圈等東西外,比較特別的是當地的乾海帶,有一般包裝也有禮盒。另外**這裡還能買到魚形木牌,你可以將願望寫在上面,然後掛在展望台前方的步道上。**

❸ 青沙浦踏石展望台

청사포다릿돌전망대

🚇 從海雲臺藍線公園青沙浦站步行前往約12分鐘
🏠 부산 해운대구 중동 산 3-9　📞 051-749-5720　🕐 9:00~18:00　💲 免費

© 韓國觀光公社

　從海雲臺藍線公園青沙浦站離開後，沿著海岸列車軌道旁的步道往前走約600公尺，就能抵達青沙浦踏石展望台。這條**長達72.5公尺、高約20公尺的天空步道，猶如一隻藍色的龍蜿蜒於海上**，據說靈感正是來自守護青沙浦的青龍。

> 展望台讓你走「上」海中

© 韓國觀光公社

　進入展望台前要先套上鞋套，既能保護步道也能防滑。關於它的名稱和海岸上五塊排列有序的礁石有關，因為很像河流中可以踩踏渡河的石頭，所以被命名為踏石展望台。從橋上可以看到青沙浦站附近的紅燈塔，除了欣賞風景，橋的一側設計了透明地板，遊客也能看看腳底下的礁石，只不過得膽量夠大！

❹ Alice甜甜圈

엘리스도넛

> 色彩繽紛的甜甜圈和多種主題空間

🔖 網美打卡

🚇 從海雲臺藍線公園青沙浦站步行前往約3分鐘
🏠 부산 해운대구 청사포로128번길 22　📞 070-8867-8877　🕐 9:30~21:30　🌐 www.alicedonut.co.kr　💲 咖啡₩6,000起、茶₩5,500起、甜甜圈₩4,300起

> 頂樓露天座位可以看見來來往往的天空膠囊列車

　海雲臺藍線公園青沙浦站附近有不少咖啡廳。出站後往海邊走，來到三岔路後右轉，朝巷子走去會發現裡頭隱藏著好幾家咖啡廳。Alice甜甜圈位於巷口附近，獨棟建築非常顯眼。

　主打各式各樣的甜甜圈，光看外型就很討喜，裡頭夾著覆盆子果醬的Alice甜甜圈是招牌，另外還有紅心A撲克牌造型的Trump甜甜圈，以及夾著卡士達醬的Vanilla Custar甜甜圈。飲料除了咖啡和茶以外，還有色彩繽紛的氣泡飲，像是Aurora Lemonade等。

　不只餐飲看起來很網美，咖啡廳內裝潢也很適合拍照，不同樓層有著不同的主題，搭配明亮的色彩，讓人感到愉悅。最值得推薦的是位於頂樓的露天座位，這裡就能看到天空膠囊列車往來穿梭的可愛模樣。

中洞站

延伸行程 青沙浦

海雲臺站

冬柏站

Centum City站

廣安站

田浦站

西面站

海雲臺站
해운대역 / Haeundae

五花八門的魚糕
讓人選擇障礙

❶ 海雲臺元祖奶奶湯飯

해운대원조할매국밥

🚇地鐵2號線海雲臺站1號出口，出站後步行約4分鐘。
🏠부산 해운대구 구남로21번길 33 ☎051-746-0387 🕐
4:30~3:00（15:30~16:30休息時間），每週三公休。
💲牛肉湯飯₩8,500、牛肉分式湯飯₩9,000 🌐www.
haeundae1962.com

位於海雲臺主街上的元祖奶奶湯飯從1962年營業至今，奶奶湯飯主要供應牛肉湯飯，店面內牆掛滿明星藝人的簽名與相片，更有韓國美食指標達人《白種元的三大天王》節目做過採訪。

牛肉湯飯除滿滿的豆芽菜外，也吃得到燉得軟爛的菜頭，牛肉塊包含了不同部位的牛肉，**超多份量讓大胃王也能吃得超滿足！**店內的小菜採自助式，拿著餐點附上的小空碟子裝填自己想吃的份量。

有別於一般魚糕的細緻口感

❷ 古來思

고래사

🚇地鐵2號線海雲臺站5號出口，出站後步行約2分鐘。 🏠
부산 해운대구 구남로 14 ☎1577-9820 🕐9:00~21:00 💲魚
糕₩2,000起、烏龍麵₩8,000、辣炒年糕₩8,000 🌐goraesa.com

代表美食

門口插著幾根超大魚糕，讓人想忽略也難。古來思是釜山知名的魚糕專賣店，儘管路邊都能發現魚糕店，不過這間連鎖魚糕店為什麼能在市場上占有一席之地，原因就在於它使用的材料。

一般來說，混合麵粉的魚糕如果魚漿使用比例越高，價格自然也越貴，但是吃起來無論口感或香氣也更佳。**古來思以新鮮食材製作魚糕，並且沒有使用防腐劑**，雖然價格較高，但確實好吃，**此外口味也非常多樣**，還能看見加入整顆鮑魚或起司與年糕的魚糕！

吃得到菜頭和豆芽的牛肉湯飯

釜山魚糕超有名？

靠海的釜山大城就像台灣的港都高雄，其海鮮產量是韓國數一數二，有這麼多漁獲海鮮的來源，除了蒸煮烤炸料理它們，釜山人想辦法保留鮮味或是發展更多元化的吃法，最簡單的是加入麵粉及魚肉，做成人人都喜歡的魚糕。來釜山玩時別忘了買點魚糕，嚐嚐看是否有特別鮮美呢？

❸ 伍班長
오반장

🚇地鐵2號線海雲臺站5號出口,出站後步行約5分鐘。 🏠釜山 해운대구 구남로24번길 20 ☎0507-1413-8085 🕐12:00~1:00 💲肉類₩13,000起、大醬湯₩6,000

雖然位於巷子裡,海雲臺的烤肉名店伍班長,依舊吸引許多人慕名前往。**傳統的炭火烤肉,爐子旁一半蒸蛋、一半烤豆芽和辛奇,再把肉放在中間,一整**個視覺效果滿滿,重點是這裡的小菜和肉都不錯吃,最後也別忘了來碗冷麵收尾。

地鐵2號線

Ramada Encore Haeundae Hotel
라마다앙코르해운대호텔

❶ 海雲臺元祖奶奶湯飯
해운대원조할매국밥

古來思
고래사 ❷

❹ Café Knotted
카페 노티드

❸ 伍班長
오반장

❻ 密陽血腸豬肉湯飯
밀양순대돼지국밥해운대점

海雲臺市場
해운대시장 ❼

❺ 舒暢鱈魚湯
속씨원한대구탕

❿ SEA LIFE釜山水族館
씨라이프 부산아쿠아리움

包裝馬車村
포장마차촌

❾ 海雲臺海水浴場
해운대해수욕장 ❽

往冬柏島

來試試
一咬下去就爆漿的
甜甜圈滋味

❹ Café Knotted
노티드 부산 해운대

蓬鬆爆漿
的超美味甜甜
圈

力推
甜點

🚇地鐵2號線海雲臺站3號出口,出站後步行約2分鐘。 🏠부산 해운대구 구남로 17 ☎070-4129-9377 🕐10:00~21:00 💲甜甜圈₩3,900起、咖啡₩3,200起、茶₩3,800起 🌐knottedstore.com

寫下每天可在韓國賣出3,000個甜甜圈的紀錄,被喻為「韓國最好吃甜甜圈」的Knotted,在海雲臺有一家獨棟的咖啡廳。

創立6年,這個以可愛黃色笑臉為招牌的鮮奶甜甜圈品牌,除了首爾和釜山之外,在大田、甚至濟州島都有分店,火紅程度可見一般,店面經常可見大排長龍的情景,有時晚去,一些暢銷口味像是牛奶鮮奶油甜甜圈(우유 생크림 도넛)或是經典香草甜甜圈(클래식 바닐라 도넛),可能就會被搶購一空,不過其他口味的甜甜圈也很好吃。

Knotted的甜甜圈先烤過後才油炸,然後填入各種口味內餡,模樣蓬蓬鬆鬆,裝在杯子裡非常討喜。一口咬下去,飽滿的鮮奶油內餡一整個爆漿,在嘴巴裡產生綿密的美妙口感,濃郁卻不膩,只能以誘人來形容!甜甜圈外,這裡還有夾上鮮奶油和水果的可頌等麵包,看起來一樣很好吃。這間咖啡廳總共有3層樓和一個屋頂花園,非常芭比的粉紅色樓梯帶領大家上樓,所有人來都會和這樓梯拍張照,幾乎已經成為打卡聖地。

粉紅色的樓梯
非常吸睛

中洞站

青沙浦 — 延伸行程

海雲臺站

冬柏站

Centum City站

廣安站

田浦站

西面站

海雲臺站
해운대역 / Haeundae

❺ 舒暢鱈魚湯
속씨원한대구탕

> 清新爽口的大海鮮美滋味

吃貨推薦

🚇地鐵2號線海雲臺站7號出口,出站後步行約8分鐘。 🏠부산 해운대구 해운대로570번길 11 2층 ☎051-731-4222 🕐8:00~21:00（15:00~16:00休息時間） 💲鱈魚湯₩14,000

　　這家店一早就開始營業,因為鱈魚湯不只可以當作正餐,早餐吃或作為醒酒湯也很合適。鱈魚富含礦物質、蛋白質和維他命,對身體非常好。這裡的鱈魚湯魚肉大塊、湯汁鮮甜,就和店名一樣,**不但美味吃起來也給人一種很舒場的感覺,讓人忍不住一口接一口**。鱈魚湯上桌時是原味,店家會另外附上辣椒粉,想吃什麼口味可以自己調整。

> 以鱈魚湯當早餐感覺分外滋補

> 特製盤子盛裝的小菜看起來很好吃

❻ 密陽血腸豬肉湯飯
밀양순대돼지국밥해운대점

🚇地鐵2號線海雲臺站5號出口,出站後步行約4分鐘。 🏠부산 해운대구 구남로 28 ☎051-731-7005 🕐24小時 💲豬肉湯飯₩10,500、血腸湯飯₩10,500

　　這間湯飯專賣店高達三層,店面非常顯眼,是當地知名的餐廳之一。**主要販售湯飯,除豬肉湯飯外,還有血腸湯飯和內臟湯飯,也可以選擇三種都有的綜合湯飯。**一就坐,店家就先送上包括洋蔥、青陽辣椒、大蒜、辣蘿蔔、辛奇的小菜盤,還有韭菜和蝦醬。湯飯可以單吃,也可以加入韭菜和蝦醬調味,全看個人喜好。如果不想吃湯飯,店家也有白切肉和馬鈴薯豬骨湯。

海運臺站 해운대역
Ramada Encore Haeundae Hotel
라마다앙코르해운대호텔

1 海雲臺元祖奶奶湯飯
해운대원조할매국밥

2 古來思
고래사

4 Café Knotted
카페 노티드

3 伍班長
오반장

6 密陽血腸豬肉湯飯
밀양순대돼지국밥 해운대점

海雲臺市場
해운대시장
7

5 舒暢鱈魚湯
속씨원한대구탕

地鐵2號線

10 SEA LIFE釜山水族館
씨라이프 부산아쿠아리움

包裝馬車村
포장마차촌
9

海雲臺海水浴場 8
해운대해수욕장

往冬柏島

從釜山特色
盲鰻到辣炒年糕
等國民小吃
都能找到

恨不得多個胃
一一吃遍

7 海雲臺市場

해운대시장

道地美食

🚇地鐵2號線海雲臺站3號出口，出站後步行約7分鐘。 🏠부산 해운대구 구남로41번길 22-1 ☎051-746-3001 🕐依店家而異 🌐haundaemarket.modoo.at

　想找各種小吃，到海雲臺市場準沒錯。鄰近海雲臺海水浴場，**這條小小的巷子裡擠滿了各種美食攤位和餐廳，可說是釜山食物代表。**一走進去，首先登場的是好幾家盲鰻餐廳。釜山食物大多受到戰爭與自然環境的影響，最初其實盲鰻並不常出現在當地人的餐桌上，然而因為戰爭，為了充飢，近海容易捕撈的盲鰻，就成了蛋白質的來源。盲鰻常見的料理方式是鹽烤，或是加入醬料烹炒成辣味，最後鍋底的醬汁還能拿來炒飯。

　炸物、魚板和辣炒年糕當然也不會缺席，其中「是尚國」（상국이네）是市場內的名店，食物非常多樣，還有飯捲、血腸、餃子，也提供上述所有小吃的套餐組合，讓你不用做選擇，什麼都吃得到。

　這裡還有一家**蒸餃**名店，老洪蒸餃刀削麵（노홍만두칼국수）門口，疊滿一籠籠事先準備好的餃子，有蒸餃、蝦餃、辛奇餃子和大餃子，餃子胖胖的模樣光看就非常好吃。店內還有不同口味的刀削麵，以及年糕餃子湯。其他像是將一隻隻炸好的雞，直接擺在窗口「攬客」的傳統**炸雞**店，或是在鐵板上吱吱作響**煎餅**攤位，都很吸睛，讓人很想什麼都吃上一輪。

中洞站 青沙浦 延伸行程 海雲臺站 冬柏站 Centum City站 廣安站 田浦站 西面站

海雲臺站
해운대역 / Haeundae

大海與高樓形成奇妙又協調的美感

❽ 海雲臺海水浴場

해운대해수욕장

釜山最知名的海水浴場！

釜山必訪

🚇地鐵2號線海雲臺站5號出口，出站後步行約11分鐘。 🏢부산 해운대구 우동 ☎051-749-5700 🕐24小時 🌐sunnfun.haeundae.go.kr

　來到釜山，怎能不去海雲臺呢？位於釜山東北海岸邊的海雲臺，擁有綿延1.5公里的細白沙灘，是韓國最具代表性的海水浴場，海灘旁聚集無數頂級飯店。

　這座寬30~50公尺、平均水深約1公尺的海灘，海相平靜且海水不深，擁有絕佳的海水浴場條件，除了夏天擠滿戲水人潮之外，其他季節也有許多人前來散步、餵海鷗或看海。

　此外，海雲臺海水浴場一年四季還會舉辦不同活動，從元宵節的「迎月節」、5月的海雲臺沙灘節，到冬天的海雲臺光之慶典等，都是它吸引人們一再前往的原因。

在釜山海邊夜市吹海風吃海鮮

❾ 包裝馬車村

포장마차촌

🚇地鐵2號線海雲臺站3、5號出口，出站後步行約10分鐘。 🏢부산시 해운대구 해운대해변로 236 🕐約17:00~5:00，各家不一。 💲視店家而異

　所謂「包裝馬車」是直接音譯韓語的「포장마차」，泛指路邊攤。在海雲臺海水浴場外側、前往冬柏公園方向有一區空地，集結數十個飲食攤，經過整合顯得井然有序，多半黃昏時才開始營業，販賣的食物大同小異，**以生鮮海產最多，也有熱炒、辣炒年糕、黑輪等傳統韓式小吃。**

海雲臺站 해운대역

Ramada Encore Haeundae Hotel
라마다앙코르해운대호텔

1 海雲臺元祖奶奶湯飯
해운대원조할매국밥

古來思
고래사 2

4 Café Knotted
카페 노티드

海雲臺市場
해운대시장 7

伍班長
오반장 3

6 密陽血腸豬肉湯飯
밀양순대돼지국밥 해운대점

舒暢鱈魚湯
속씨원한대구탕 5

10 SEA LIFE釜山水族館
씨라이프 부산아쿠아리움

包裝馬車村
포장마차촌 9

海雲臺海水浴場
해운대해수욕장 8

↙往冬柏島

親子旅遊的絕佳選擇

達人按讚

水族館紀念品店可愛的商品讓人愛不釋手

⑩SEA LIFE釜山水族館

씨라이프 부산아쿠아리움

🚇地鐵2號線海雲臺站5號出口，出站後步行約9分鐘。 📍부산 해운대구 해운대해변로 266 ☎051-740-1700 🕙10:00~19:00 💲大人₩31,000、兒童₩26,000 🌐www.busanaquarium.com

　　想欣賞美麗的海底世界，不用潛入水中，只要走一趟SEA LIFE釜山水族館就可以！這個位於海雲臺海灘旁的水族館共有四層，是韓國最大的水族館，**按照特色主題設置不同水槽，在8大主題展區中總共有250種、超過10,000萬隻海洋動物在此生活**，其中包括企鵝、鯊魚、水獺、海龜、魟魚、食人魚、水母、海馬……令人眼花撩亂，在體驗池中還可以觸摸海星。長達80公尺的海底隧道，讓人彷彿置身海底，館內每天不同時段還安排了餵食秀或表演，參觀前記得先確認時間。

冬柏站
동백역 / Dongbaek

❶ 冬柏公園
동백공원

🚇地鐵2號線冬柏站1號出口，出站後步行約17分鐘。
🏠부산 해운대구 우동 708-3 ☎051-749-7621 ⏰24小時

　在韓文裡「冬柏」其實就是指茶花。冬柏公園又稱為冬柏島，昔日的小島因為泥沙堆積，最後和陸地相連成為一座半島。**島上種滿茶花樹和松樹，加上燈塔、嶙峋的礁岩，形成相當美麗的景致**，沿著海岸步道散步，廣闊的海天景色映入眼簾，如此景致曾讓無數詩人墨客寫下一首首動人的詩。2005年時因為成為APEC亞太經濟高峰會議的舉辦會場，讓冬柏公園從此聲名遠播。

沿著步道可以近距離觀察嶙峋的礁岩

冬柏島人魚像 동백섬 인어상
行走於公園內的步道，會看見一尊坐在海邊岩石上的人魚像。據說從前，那燦陀人魚國的黃玉公主，嫁給了遠在大海另一端的無窮國恩惠王，然而公主非常思念月圓時就會來到海邊，看看顯現於黃玉中的故鄉模樣，以解思鄉之情……

釜山著名的國際化地標景點

❷ 世峰APEC會議之家
누리마루 APEC하우스

🚇地鐵2號線冬柏站1號出口，出站後步行約15~20分鐘。 🏠부산광역시 해운대구 동백로 116 ☎051-743-1974 ⏰9:00~18:00，每月第一個週一公休 免費 🌐www.busan.go.kr/nurimaru

又稱為世峰樓的世峰APEC會議之家，是專為2005年APEC亞太經濟高峰會議而建的會場，位於冬柏島海濱，兼具自然和現代美感的圓形造型建築令人驚嘆。建築內陳列有當時開會時的照片、建築模型、會議圓形桌、各國元首合影的紀念照片等。由於位在島的制高點，四周的景觀皆可一覽無遺。

入夜後有著迷人的夜景

③ The Bay 101
더베이101

最美麗的夢幻鏡面打卡點

終極夜景

🚇 地鐵2號線冬柏站1號出口,出站後步行約12分鐘。 🏠 부산 해운대구 동백로 52
☎ 051-726-8888 🕐 建築開放時間8:00~24:00,視店家而異。 🌐 www.thebay101.com

The Bay 101是一處複合式文化藝術空間,包含藝廊、餐廳、宴會研討會等設施,除了前來用餐,另一項吸引遊客造訪的理由,是晚上無與倫比的夜景!在主建築旁停車場前有塊小空地,是美麗夜景倒影的最佳拍攝地。拍攝倒影需要地面積水,可以自行裝水潑灑在地面上製造出水灘後再拍攝。

除了魚也可以選擇花枝或蝦子

FINGERS & CHAT
☎ 051-726-8822 🕐 平日14:00~24:00、週末12:00~24:00
💲 炸花枝和薯條₩20,000、無骨炸雞₩22,000、汽水₩2,000 🌐 www.thebay101.com

FINGERS & CHAT是The Bay 101的人氣美食店,提供釜山版的Fish & Chips,除了鱈魚還有蝦子和花枝,搭配薯條滿滿一份,讓人吃得很過癮。店內除汽水和瓶裝啤酒外,還提供手工啤酒和葡萄酒。

往海雲台站方向↗

海江小學
해강초등학교

釜山機械工業高中
부산기계공업고등학교

烽台山
봉대산

海雲台站
冬柏 동백

釜山2號線부산2호선
海雲台路해운대로

海雲台消防局
해운대소방서

海雲台570街해운대로570번길

銀行

海雲台Grand Hotel
해운대그랜드호텔

海元小學
해원초등학교

銀行

海雲台海邊路해운대해변로

GS25

Homeplus
홈플러스 해운대점

銀行

海雲台海邊路해운대해변로

海雲台包裝馬車村
해운대 포장마차촌

TIFFANY 21

松林公園
송림공원

海雲台海水浴場
해운대해수욕장

The bay 101
더베이 101

③

釜山威斯汀朝鮮飯店
부산 웨스틴조선호텔

FINGERS & CHAT

②

冬柏公園
동백공원

冬柏島人魚像
동백섬 인어상

雲台山

世峰APEC會議之家
누리마루APEC하우스

②

冬柏島展望台
동백섬전망대

中洞站
青沙浦
延伸行程
海雲臺站
冬柏站
Centum City站
廣安站
西面站

中洞站
延伸行程
青沙浦
海雲臺站
冬柏站
Centum City站
廣安站
田浦站
西面站

Centum City站
센텀시티역 / Centum City

① 電影殿堂
영화의전당

① 電影殿堂
영화의전당

🚇地鐵2號線Centum City站12號出口，出站後步行約12分鐘。 🏠부산광역시 해운대구 수영강변대로 120 ☎051-780-6000
🕐依節目而異（參考官網） 💲依節目而異（參考官網） 🌐www.dureraum.org

釜山電影節的主要會場

建築巡禮

懸臂式屋頂加上璀璨的燈光令人印象深刻

電影殿堂是每年10月登場的釜山國際電影節開幕和閉幕儀式的舉辦地點，它獨特的建築落成於2011年，出自奧地利庫柏·西梅布芬（Coop Himmelb(l)au）建築事務所的設計。**擁有全世界最長的懸臂式屋頂之一，特別是點亮LED燈時，絢麗的光彩成為釜山一大名景**。共由三座建築組成，裡頭容納電影院和大小劇場，戶外還有4,000個座位的露天劇場。平時民眾可以在這裡欣賞一流影音設備帶來的電影和表演。

中洞站
延伸行程
青沙浦
海雲臺站
冬柏站
Centum City站
廣安站
田浦站
西面站

百貨公司裡還附設溜冰場等設施

❷ 新世界Centum City
신세계 센텀시티

全球最大百貨公司

購物激推

🚇 地鐵2號線Centum City站12號出口，出站後步行約3分鐘。
🏠 부산광역시 해운대구 센텀남대로 35　☎ 051-745-1234
10:30~20:30　🌐 www.shinsegae.com/store/main.do?storeCd=SC00008

　面積廣達88,906坪，新世界Centum City以全世界規模最大百貨公司之姿，在2009年時登上金氏世界紀錄。百貨公司內擁有21個名品館，多達622個國際知名品牌進駐，除提供高品質的購物環境外，樓層間經常化身藝廊舉辦展覽。

　這裡還有溜冰場、電影院、展演場、高爾夫球練習場、汗蒸幕、侏羅紀公園等設施，無論大人小孩都能找到屬於自己的樂趣。**新世界Centum City不只是百貨公司，可說是結合各種娛樂與文化的複合式購物空間。**

樓層間的展覽逛街同時也能欣賞藝術

SPALand
스파랜드

🏠 新世界Centum City 1樓　☎ 1668-2850
8:00~23:00　💰 成人₩23,000、學生₩20,000

　位於新世界Centum City 1~3樓，擁有13個包括黃土、炭火、鹽、冰等不同主題的汗蒸幕，**並且以地下1,000公尺抽出的兩種天然溫泉，打造出22個溫泉池**，在這裡也可以泡牛奶浴，或享受從頭到腳的護理療程，服務多樣且設施新穎齊全，因此非常受到歡迎，它的入口位於百貨公司4號門的1樓。

體驗韓劇中多樣主題的汗蒸幕

廣安站
광안역 / Gwangan

① 廣安里海水浴場

광안리해수욕장

> 欣賞釜山最美跨海大橋最佳地點

> 釜山必去

🚇地鐵2號線廣安站5號出口，出站後步行約13分鐘。

📍부산수영구 광안해변로 219 ☎051-622-4251 🕐24小時 🌐www.suyeong.go.kr

　　就在南川洞櫻花道旁的廣安里海水浴場，氣氛充滿蔚藍海岸風情，可以在這裡看到附近居民在沙灘散步、騎腳踏車或蹓狗，更有些韓國情侶會在沙灘上野餐，或是拍攝美美的IG打卡照。這裡的沙質極佳不黏人，並在持續實施水質淨化下，附近的水營江甚至重新有魚類棲息，晚上的廣安里海灘也吸引年輕人會在此聚會、玩煙火等。入夜後的廣安大橋在月色及燈光的探照下更加美麗。

② 南川洞櫻花道

남천동벚꽃거리

> 一望無盡的絕美櫻花隧道

> 春季限定

🚇地鐵2號線廣安站5號出口，出站後步行約20~25分鐘。 📍부산 수영구 광안해변로 100

　　南川洞原本只是平凡的住宅區，後來**因為兩側街道種滿了櫻花樹，每當櫻花季來臨時便成為觀光客的駐足之地**，眼前兩排滿開的櫻花美景也讓人紛紛拿出手機留下紀念。南川洞櫻花到從南川站一路延伸到將近廣安里海灘，許多人可能會從南川站出發一路走到廣安里，或是以金蓮山站為起點往南川站走。但如果沒有打算走完全程，只想看到、拍到櫻花，可以以金蓮山站為起點，往廣安里海灘走，或是反過來走也可以，就能將海灘跟櫻花景色一網打盡。

> 夜晚的廣安大橋在月色和燈光映照下更加美麗

也可以在海邊騎騎腳踏車～

往南川洞櫻花道住宅區方向走去，可以看到自行車租借處，只要出示護照等證明身分的有效證件，就能免費租借腳踏車。此外，喜歡水上運動的朋友，也可以在腳踏車租借站另一頭找到廣安里海洋運動中心（광안리해양레포츠센터），運動中心有許多遊玩體驗課程可以購買，例如：風帆、充氣樂園、滑水板、漂流船、香蕉船等多樣海上娛樂。

有窗的房間
全都面對海景

各式各樣的座位選擇
滿足所有人需求

❸ HOTEL 1
호텔 1

🚇地鐵2號線廣安站1號出口，出站後步行約13分鐘。 🏠부산 수영구 광안해변로 203 📞0507-1463-1018 🌐 www.hotel1.me

　　近年來個人自助旅遊型態漸漸興起，隨之而來的就是膠囊旅館精品化。在廣安里海灘這個一級戰區，HOTEL1除了個人膠囊房之外，還有2~4人房。此外該旅館**擁有最佳的地理位置，一走出門就是廣安里海灘，有窗的房間全都面對海景**，只要躺在床上就能把廣安里海灘的日出、日落、夜景全部一網打盡！

　　一人膠囊房型分有有窗與無窗兩種，房內都有密碼保險櫃、充電插座、電風扇、冷氣、電暖墊、夜燈、LED調節彩色燈。需注意的是Hotel 1的浴室和廁所是採住客共用，但淋浴間都是單間式且有分男女樓層，住起來十分安心。

星星床
별침대

☎0507-1377-7550 ⏰平日10:00~22:00、週末10:00~24:00。早餐8:00~10:00、咖啡廳10:00~24:00 💰無限供應美式咖啡和拿鐵₩7,900、無限供應果汁₩8,900、無限供應果汁和甜點₩11,800

　　Hotel 1的1~2樓附設有咖啡廳「星星床」，提供無限供應的咖啡、果汁和甜點，可以自助吃到飽，選擇喜歡的座位度過悠閒的時光。**座位選擇很多，有坐、有躺，有的還有床墊，可以跟好朋友或是另一半一起發呆一下午。**沒有用餐時間限制，非住客也能使用星星床的設施。

民樂公園
민락공원

本家豆芽醒酒湯
본가콩나물해장국

民樂水邊公園
민락수변공원

明知 烤五花與貝類餐廳
명지 갈삼구이

廣安站 광안역

地鐵2號線

金蓮山站 금련산역

❶ 廣安里海水浴場
광안리해수욕장

❸ Hotel 1
호텔1

星星床
별침대

廣安大橋
광안대교

❷ 南川洞櫻花道
남천동벚꽃길

中洞站

延伸行程
青沙浦

海雲臺站

冬柏站

Centum City站

廣安站

田浦站

西面站

田浦站
전포역 / Jeonpo

田浦咖啡街 전포동 카페거리

田浦站西邊一帶巷弄中有非常多咖啡廳和購物小店,咖啡街範圍不小,從田浦站3號出口往北一路超過8號出口都有,純色系、繽紛系、歐洲古典系,各種風格的咖啡廳都可以在這裡遇到,建議可以從8號出口出站後慢慢逛。

讓人感覺秒穿越巴黎

異國風情

❶ Quant à moi
꽁테무아

🚇地鐵2號線田浦站6號出口,出站後步行約3分鐘。 🏠부산 부산진구 동성로25번길 26-1 ☎0507-1300-3059 🕐12:00~23:00 💲雙口味可頌₩9,000 📷 www.instagram.com/quantamoi_cafe

　　Quant à moi是法文「about me」的意思,紅磚瓦、白色弧形大門、白色格狀窗、復古小燈,這些元素都讓他成為田浦咖啡街最紅的咖啡廳,彷彿一秒來到巴黎,露天座位必須要提早去才有可能入座。**人氣餐點是雙口味可頌,可以選兩種口味,有巧克力香蕉、草莓奶油起司等共8種口味**,會將可頌切對半後,分別搭配一種口味送上,把可頌當吐司吃,非常特別。

❷ Toi et moi

트와엣모아

🚇地鐵2號線田浦站4號出口,出站後步行約5分鐘。 🏠부산 부산진구 전포대로176번길 40 🕐12:00~20:00,週四公休。 💲土耳其濃厚奶油Kaymak法式吐司₩11,000 📷 www.instagram.com/toietmoi___cafe

　　toi et moi在法語是「你和我」的意思,從大門到店內裝飾,每個角落都充滿古典歐風,**抹上一球土耳其濃厚奶油Kaymak的厚片法式吐司(카이막 프렌치토스트)是店內招牌**,在熱熱的法式吐司上慢慢融化的奶油,視覺和味覺都療癒到,是麵包控和螞蟻控的最愛。其他蛋糕的賣相也是相當吸引人。

洋溢古典歐式風情的咖啡廳

❸ CAFE CAN YOU LIKE
캔유라이크

🚇地鐵2號線田浦站8號出口,出站後步行約5分鐘。 🏠부산 부산진구 서전로68번길 82 🕐12:00~22:00,週二公休。 💲冰淇淋拿鐵₩6,500 📷www.instagram.com/cafe_canyoulike

　　用大掛報和幾張海報拼貼呈現招牌,**店內外都使用露營椅、收納箱、購物籃、以及可愛的鋁罐來布置**,每個角落都充滿美式風格的咖啡店。最吸引人的是飲料和甜點會用鋁罐來裝,就好像真的在戶外露營一般。

- ⑤ Ohh! Good Thing 오굳띵
- ⑥ Hwa製果 회와제과
- LONGDRIVERS 롱드라이버스
- ⑮ slow museum 슬로우뮤지엄
- ⑯ TWIN ÉTOILE BUSAN 트윈에뚜왈
- ⑦ Day of week 데이오브워크
- ⑩ another mines 어나더미네스
- CAFE ISTHENAME 이즈더네임
- ⑰ Object 오브젝트
- ⑭ PAPER GARDEN 페이퍼가든
- ⑨ Vintage 38 빈티지38
- ⑱ addd 애드
- ⑧ 法國麵包製造所 바게트제작소
- ⑬ Mabelle mignon 마 벨 미뇽
- UMORE 우모레
- ③ CAFE CAN YOU LIKE 캔유라이크
- popoi shop
- ① Quant à moi 꽁테무아
- ⑪
- ⑫ BRACKET TABLE 브라켓테이블
- ② Toi et moi 트와엣모아
- ④ Ma Chérie 27 마셰리27

田浦站 전포역

⑤ Ohh! Good Thing
오굳띵

🚇地鐵2號線田浦站8號出口，出站後步行約8分鐘。🏠부산 부산진구 전포대로246번길 14 🕐12:30~21:00，週二、三公休。💲蛋糕₩8,00起 🌐www.instagram.com/ohh_goodthing

白色牆面和大大櫥窗就讓人駐足，搭配亮橘色的Ohh! Good Thing招牌字樣非常可愛。**店內充滿許多趣味小物，尤其有很多Q版恐龍裝飾**，不定期會在櫃台展示及販售一些明信片、貼紙等可愛作品，印有招牌Ohh! Good Thing字樣的貼紙是可以免費拿取的喔。蛋糕等甜點都會貼在櫃檯給大家選擇。

④ Ma Chérie 27
마셰리27

🚇地鐵2號線田浦站4號出口，出站後步行約2分鐘。🏠부산 부산진구 동성로15번길 33 📞0507-1375-8842 🕐12:00~22:00 💲脆皮奶酥司康₩4,000 🌐instagram.com/ma_cherie27_official

白色的牆面上掛了許多畫作，可以看出店主想要打造出的古典法國咖啡廳風格。**店內供應非常多口味的司康，像是藍莓櫻桃、蘋果芒果、脆皮奶酥等**，口味都相當特別，還有蛋塔、法式吐司等甜點。

中洞站

延伸行程

青沙浦

海雲臺站

冬柏站

Centum City站

廣安站

田浦站

西面站

田浦站
전포역 / Jeonpo

❻ Hwa製果
희와제

🚇地鐵2號線田浦站8號出口，出站後步行約8分鐘。 🏠부산 부산진구 전포대로246번길 6 1층 ⏰7:00~19:00，週二、三公休 ☎051-911-3603 💲司康₩2,700起

> 紅豆奶油菠蘿
> 是店內人氣商品

Hwa製果是連韓國新聞都報導的知名餅店，提供古早味麵包。這裡**最受歡迎的是復古口味的紅豆奶油菠蘿**，在出爐前就有很多人在排隊。不容錯過的還**有店內另一項招牌酥**，光是從拿在手中開始就能感受到它的真材實料，招牌酥裡頭包裹著滿滿的鮮奶油、紅豆、栗子、草莓醬，螞蟻族千萬別錯過！

> 堆疊奶油
> 的特色提拉米蘇

> 特色甜點

❼ Day of week
데이오브위크

🚇地鐵2號線田浦站8號出口，出站後步行約5分鐘。 🏠부산 부산진구 서전로58번길 38 2층 ☎0507-1309-1630 ⏰12:00~22:00 💲提拉米蘇₩8,000 🌐www.youtube.com/@dayofweek

店址在二樓很容易錯過，但他們家的甜點真的不容錯過。店內空間不大但整體非常整齊，白色和木頭色的桌椅、以及一些書架等搭配都充滿文青風格。**人氣最高的甜點是提拉米蘇**（티라미수），和一般提拉米蘇不同，**本體上堆疊了一層奶油**，奶油上則是根據口味不同，點綴有巧克力、藍莓、麻糬、草莓等多種口味，甜而不膩非常好吃。

> 藍莓提拉米蘇光
> 看就很吸引人

❽ 法國麵包製造所
바게트제작소

🚇地鐵2號線田浦站7號出口，出站後步行約2分鐘。 🏠부산 부산진구 전포대로199번길 19 예원빌딩 1층 102호 ☎051-928-0585 ⏰10:00~22:00，週三公休。 💲咖啡₩2,500起、可頌₩4,000 🌐www.instagram.com/baguette_factory

> 出身巴黎
> 藍帶學院的
> 令人垂涎

法國麵包製造所是出身法國巴黎藍帶廚藝學校的名店，**使用百分百法國的小麥粉與天然酵母製作，麵包柔軟又不乾澀**，口感讓法國麵包製作所，在田浦咖啡街商圈成了路人提袋率最高的知名美食店，其中「奶油法國麵包」（고메버터프리첼이）是最有人氣的商品，每天限量100個，在店內有見到這款麵包，不要猶豫趕快買就對啦！

❾ Vintage 38

빈티지38

🌐 地鐵2號線田浦站7號出口，出站後步行約5分鐘。　🔮 부산
부산진구 전포대로199번길 38　⏱ 9:00~2:00　💲 咖啡₩4,000
起　📷 www.instagram.com/vintage38_jeonpo

**夜晚除了深夜食堂和夜生活酒吧之外，還有這間
深夜咖啡店可以選擇！**開到凌晨兩點的Vintage 38
完全符合夜貓子需求，店外一台露營車超級醒目，工
業風格的店面共有三層樓，挑高空間非常開闊，
二樓還有耍廢的懶人沙發空間。櫃台前的
麵包櫃供應古早味蛋糕、蛋塔、達克瓦
茲、肉桂南瓜派、鹽味捲等，不妨晚飯
後來續攤一番。

> 雖然是咖啡廳卻
> 有夜店風

中洞站
青沙浦
延伸行程
海雲臺站
冬柏站
Centum City站
廣安站
田浦站
西面站

Ohh! Good Thing ❺
오굴띵

Hwa製果 ❻
회와제과

LONGDRIVERS
롱드라이버스

slow museum ❿❺
슬로우뮤지엄

TWIN ÉTOILE BUSAN ⑯
트윈에뚜왈

Day of week
데이오브위크 ❼

another mines ❿
어나더미네스

CAFE ISTHENAME
이즈더네임

Object ⑰
오브젝트

⑭ PAPER GARDEN
페이퍼가든

Vintage 38
빈티지38 ❾

⑱ addd
애드

❽
法國麵包製造所
바게트제작소

地鐵2號線

田浦站　전포역

UMORE
우모레

⑬
Mabelle mignon
마 벨 미뇽

CAFE CAN
YOU LIKE
캔유라이크 ❸

popoi shop

Quant à moi ❶ ⑪
꽁테무아

⑫
BRACKET
TABLE
브라켓테이블

❷
Toi et moi
트와엣모아

❹
Ma Chérie 27
마셰리27

❿ another mines

어나더미네스

🌐 地鐵2號線田浦站7號出口，出站後步行約5分鐘。　🔮
부산 부산진구 서전로38번길 43-13 성진전자상가 2층 203호
☎ 051-806-2985　⏱ 12:30~ 21:30　💲 原味舒芙蕾
₩13,500　📷 www.instagram.com/anothermines_cafe

藏身在二樓的another mines，全白色系搭配
木製桌椅，視覺上是很舒服的韓系咖啡廳。**來
這邊必吃招牌舒芙蕾**，有原味、香蕉、和季節
限定口味，舒芙蕾吃起來蓬鬆軟嫩入口即化，
還有附上冰淇淋和一球奶油，這樣的組合就
是絕配！另外也有提供蛋塔和鹽味捲等麵包糕
點。

田浦站
전포역 / Jeonpo

Hwa製果
회와제과 **6**

5 Ohh! Good Thing
오굿띵

LONGDRIVERS
롱드라이버스

15 slow museum
슬로우뮤지엄

TWIN ÉTOILE BUSAN **16**
트윈에뚜왈

Day of week
데이오브위크 **7**

another mines **10**
어나더미네스

CAFE ISTHENAME
이즈더네임

Object **17**
오브젝트

14 PAPER GARDEN
페이퍼가든

Vintage 38
빈티지38
9

18 addd
애드

8
法國麵包製造所
바게트제작소

田浦站
전포역

UMORE
우모레

13 Mabelle mignon
마 벨 미뇽

CAFE CAN
YOU LIKE **3**
캔유라이크

popoi shop

Quant à moi **1** **11**
꽁테무아

12
BRACKET
TABLE
브라켓테이블

2
Toi et moi
트와엣모아

4
Ma Chérie 27
마셰리27

11 popoi shop

🚇 地鐵2號線田浦站6號出口，出站後步行約5分鐘。

🏠 부산 부산진구 서전로68번길 108　⏱約
12:00~21:00　🌐 www.popoi.shop

　隱藏在巷弄中的**popoi shop**，是走簡單設計的服飾選品店，舉凡上衣就有很多俐落的款式，還有多款牛仔褲、寬褲，以及裙裝，價格都不貴。在這裡可以輕鬆逛，也有試衣間可供試穿。

擺設讓人以為走進歐洲鄉村友人的家

12 BRACKET TABLE
브라켓테이블

🚇 地鐵2號線田浦站6號出口，出站後步行約5分鐘。

🏠 부산 부산진구 서전로68번길 109　☎ 070-4150-099

⏱ 12:00~20:00　🌐 www.instagram.com/bracket table

　販售許多質感居家裝飾的BRACKET TABLE，直接把歐洲鄉村小房子搬過來，有一個灑滿花瓣的超美浴缸，**以雜物櫃和流理台展示許多杯盤廚具，用這些美美的單品就可以把自家廚房打造成法式鄉村風格**，各種文青設計的馬克杯非常受歡迎，店內還有販售各種表情姿勢的貓咪明信片，可愛爆表，貓奴必買。

⓭ Mabelle mignon
마 벨 미뇽

地鐵2號線田浦站6號出口,出站後步行約1分鐘。 부산 부산진구 서전로58번길 94 ☎010-2734-9883 ⏰ 12:00~20:00 www.instagram.com/mabelle__mignon

Mabelle mignon是飾品店也是文創小店,店內有琳瑯滿目的髮飾、戒指等小飾品,也有許多明信片和風景海報、造型香氛蠟燭等居家裝飾,以及**設計款馬克杯、隨行杯、餐盤等讓廚房展現生活細節的用品**,都能為家裡增添氛圍感。另外也有airpods保護殼等3C周邊和文具。

店家外觀猶如韓系咖啡廳

提供滿滿儀式感的設計家飾

⓮ PAPER GARDEN
페이퍼가든

小編按讚

地鐵2號線田浦站8號出口,出站後步行約5分鐘。 부산 부산진구 전포대로210번길 8 2층 ☎0507-1493-1611 ⏰11:00~22:00 www.instagram.com/papergarden.korea

是田浦周邊最有名的居家小物店。通往2樓的樓梯旁就掛滿了許多設計家飾,**販售多款很有設計感的居家用品**,像是貓咪、花朵、格紋等造型的地墊掛滿整片牆,各種質感小盆栽、花瓶,以及花邊造型餐盤、馬克杯等廚房用品,還有筆記本等等,瞬間讓家充滿儀式感,光是店面風格就足以成為一個打卡景點。

中洞站
青沙浦 延伸行程
海雲臺站
冬柏站
Centum City站
廣安站
田浦站
西面站

田浦站
전포역 / Jeonpo

⑯ TWIN ÉTOILE BUSAN
트윈에뚜왈

🚇地鐵2號線田浦站7號出口，出站後步行約5分鐘。　📍부산 부산진구 전포동 676-30　☎0507-1399-1049　🕛12:00~20:30　🌐www.twinetoile.com

　　TWIN ÉTOILE BUSAN也是文創品牌選品店，**可以買到在台灣超高人氣的secondmorning**（세컨드모닝）**檸檬、地瓜的滑鼠墊、束口袋等周邊商品**，還有超可愛的衝浪幽靈percentage（퍼센테이지），滿牆的手機殼、手機支架等可以幫手機穿好多新衣服。特別是有一整區的多款小眾品牌帆布袋、收納袋，當然也有販售漂亮餐具、香氛等美化生活必備單品。

> 眾多飾品讓人感覺不到時間流逝

> 販售許多如衝浪幽靈等文創品牌商品

⑮ slow museum
슬로우뮤지엄

🚇地鐵2號線田浦站8號出口，出站後步行約8分鐘。　📍부산 부산진구 서전로58번길 9　🕛12:00~21:00　🌐www.instagram.com/slow.museum

　　女生進去就出不來了！這家店販售許多飾品配件，**從各種顏色設計的大腸圈、韓系髮夾、髮箍等髮飾，到戒指、項鍊、耳環等都是當季流行款式**，除此之外也有可愛的設計款手機殼和支架等手機配件，另外目前很流行的娃娃吊飾也可以在這邊找到。

🏷️18 addd

애드

🚇地鐵2號線田浦站7號出口，出站後步行約1分鐘。

🏠부산 부산진구 전포대로199번길 12　☎0506-747-7363

🕐平日12:00~21:00、週末11:00~22:00　🌐www.instagram.com/addd_official

　和其它文創選品店較不一樣，addd的風格偏向現正流行的Y2K甜辣少女系，無論是手機殼、手機支架、耳機保護殼等3C周邊，或是隨意擺掛的幾個特色包款，再到居家廚具和居家裝物玩偶等，大多是大膽繽紛的配色與蝴蝶結、愛心等甜美設計，非常可愛。

地圖:

5 Ohh! Good Thing 오굴띵
6 Hwa製果 회와제과
LONGDRIVERS 롱드라이버스
15 slow museum 슬로우뮤지엄
16 TWIN ÉTOILE BUSAN 트윈에뚜왈
Day of week 데이오브위크 7
10 another mines 어나더미네스
CAFE ISTHENAME 이즈더네임
17 Object 오브젝트
14 PAPER GARDEN 페이퍼가든
Vintage 38 빈티지38 9
18 addd 애드
8 法國麵包製造所 바게트제작소
田浦站 전포역
UMORE 우모레
CAFE CAN YOU LIKE 캔유라이크 3
13 Mabelle mignon 마 벨 미뇽
popoi shop
Quant à moi 꽝테무아 1 11
12 BRACKET TABLE 브라켓테이블
2 Toi et moi 트와엣모아
4 Ma Chérie 27 마셰리27

各種讓文具控愛不釋手的小物

🏷️17 Object

오브젝트

🚇地鐵2號線田浦站7號出口，出站後步行約5分鐘。

🏠부산 부산진구 전포대로209번길 11　☎051-808-7747

🕐12:00~21:00　🌐www.insideobject.com

　Object是韓國知名文創品牌選物店，蒐集有相當多文創設計師的作品，在這裡不只**可以找到台灣很有人氣的gosimperson(최고심)、Dinotaeng(다이노탱)等文創周邊商品，文具控也可以發覺很多可愛設計款明信片、筆記本、紙膠帶等文具**，以及Object自家設計雜貨，當然也少不了拿在手上就多了氛圍感的設計款馬克杯。

中洞站
青沙浦
延伸行程
海雲臺站
冬柏站
Centum City站
廣安站
田浦站
西面站

西面站
서면역 / Seomyeon

銀行
新韓銀行 신한은행
銀行
⑮
⑫
榮洞PLAZA 영동프라자
⑬
⑨
⑪
西面 서면
釜山2號線
釜田路부전로
釜山港산부산항역서면지하상가
⑩⑧
釜山2號線
⑨
西面 서면
⑦
⑤
⑥
韓亞金融廣場 하나금융프라자
①②
②
西面地下購物街 서면지하상가
④
固定店 고정점 ⑩
Mellow Stay
H
樂天百貨本店 롯데백화점 본점
凡泰傳統手工炸醬麵 범태옛날손짜장
醫院
豬肉湯飯街 돼지국밥거리 ③
西面市場 ①
oppodd咖啡 옵포드
機張手工刀削麵 서면시장 기장손칼국수
松亭三代豬肉湯飯 송정3대국밥
蟻蟻家 개미집 쥬디스태화직영점
④ 熙亞家鐵網烤小章魚 희야네석쇠쭈꾸미
⑤ 金剛部隊鍋 킹콩부대찌개
釜山1號線
善良的豬 착한돼지 ⑨
梁山咕咕炸雞 양산꼬꼬
Judies太和百貨 쥬디스태화백화점
GS25
中央大路691街중앙대로691번길
⑥
KT&G 想像庭園 釜山 KT&G상상마당 부산
CGV
Shake Shack 쉐이크쉑
飯桌 밥상 ⑦
⑧

❶ 機張手工刀削麵
기장손칼국수

🚇地鐵1、2號線西面站1號出站，出站後步行約5分鐘。
🏠부산 부산진구 서면로 56 서면시장　☎051-806-6832
🕐9:00~21:00　💲手工刀削麵小碗₩6,000、手工刀削麵大碗₩7,000

白種元也力推的美味刀削麵

名廚推薦

　機張手工刀削麵位於西面市場內，**店內主要販售四種餐點，紫菜飯捲、手工刀削麵、辣味乾拌手工刀削麵、冷刀削麵。**刀削麵上面有辣椒粉、蒜頭等調味料提味，讓湯頭變得鮮甜，麵條Q彈扎實且份量十足，就連韓國知名美食節目《白種元的三大天王》都曾來介紹。每到用餐時間，小小的店面就擠滿用餐的客人，因為刀削麵採現點現做，在店外頭的姨母下麵跟揉麵團的手都沒停過！

蔬菜、麵條份量十足

每到用餐時間小店面就擠滿人

中洞站
延伸行程
青沙浦
海雲臺站
冬柏站
Centum City站
廣安站
田浦站
西面站

② 西面地下街

서면 지하도상가

🚇地鐵1、2號線西面站出站即達 🕐부산 부산진구 가야대로 지하 10:30~20:30，各家時間不定。

不怕日曬雨淋，也不必擔心天氣炎熱或寒冷，**地下街可說是一年四季最佳的購物地點之一，而且只要一出站就能逛**，實在非常方便。西面地下街店家五花八門，除最常見的服飾店外，還有鞋店、飾品店、美妝店、隱形眼鏡專賣店、寵物用品店、穿洞店、手機殼專賣店……而且各種風格、年齡層都有，也難怪經常出現滿滿人潮。

③ 豬肉湯飯街

돼지국밥거리

🚇地鐵1號線西面站1、2號出站，出站後步行約5分鐘。

這去因為戰時糧食不足，利用美軍剩下的豬骨熬煮而成的食物，如今已經成為韓國的日常料理之一。豬肉湯飯是釜山的代表美食，它的特別之處在於將湯汁熬煮到呈現乳白色，因此特別香。西面市場有一條豬肉湯飯街，**不到100公尺的距離，就能發現好幾家豬肉湯飯專賣店彼此相鄰，其中最有名的是松亭三代豬肉湯飯**（송정3대국밥）。

熬成乳白色的高湯口味清爽

松亭三代豬肉湯飯

송정3대국밥

📍부산 부산진구 서면로68번길 33
☎051-806-5722 🕐24小時 💲豬肉、血腸、內臟湯飯各₩9,000

開業自1946年，**因交通方便且24小時營業，是來釜山西面必嚐的湯飯店之一**。店家最有名的是每日使用豬大骨熬製的白色湯底，加入切成薄片的豬肉及綠蔥，就是一碗最在地的豬肉湯飯，如果覺得口味太單調，推薦加入辛奇、韭菜或是蝦醬，湯飯口味會更有層次。

小小一條街林立著好幾家豬肉湯飯店

中洞站

青沙浦
延伸行程

海雲臺站

冬柏站

Centum
City站

廣安站

田浦站

西面站

西面站
서면역 / Seomyeon

④ 熙亞家鐵網烤小章魚

희야네석쇠쭈꾸미

🚇地鐵1、2號線西面站7號出站，出站後步行約7分鐘。　🏠부산 부산진구 중앙대로691번가길 25-3　🕐17:00~23:00，週日公休。　💲烤章魚₩17,000、小章魚鐵板炒飯₩8,000

　熙亞家炭火小章魚是將小章魚放在鐵網上炭烤，**吃起來不但略帶炭燒味，也比鐵板更能提升辣度。**一起上桌的還有水煮蛋、沙拉、蒜頭等小菜，都可以自助再續。店內小章魚至少要點兩人份，不過兩人份約12隻小章魚，如果人數多怕會吃不飽的話，建議可以再點個煎餅或是小章魚鐵板炒飯一起吃。至於辣度，就算是點普通味（一般辣度），對台灣人來說可能還是蠻辣的，建議可以從最初階的爽口味開始挑戰。

推薦生菜包小章魚後加點沙拉美乃滋一起吃，會更美味。

⑤ 金剛部隊鍋

킹콩부대찌개

🚇地鐵1、2號線西面站7號出站，出站後步行約5分鐘。　🏠부산 부산진구 가야대로784번길 46-1　☎051-804-8582　🕐11:00~23:00　💲各種部隊鍋每人₩10,000起，可1人用餐。　🌐www.kingkongbudae.co.kr

　部隊鍋的誕生，也和戰爭有關，難民將美軍吃不完的食物一起混煮，就成了這道日後的國民美食。店內提供**以香腸為主的金剛部隊鍋、香腸外加火腿的滿滿火腿部隊鍋，以及包含牛五花、火腿和香腸的牛五花肉部隊鍋等**，另外還有加上飲料和炸物、炸豬排或糖醋肉的套餐，可以好好大快朵頤一番。白飯、泡麵免費供應，吃完可以自行再續。

金剛部隊鍋特有的綠藻和黑豆口味泡麵

階梯座位區
非常受歡迎

釜田路草田路
銀行　　　銀行　　　　銀行
⑮　　⑫
榮洞PLAZA　　　　　　　⑬　　　　　　　⑩
영동프라자　　　　　　⑨　⑪　　　　⑩⑧　　釜山2號線
　　　　　　　　　　　西面 서면
Mellow Stay　　　　　　　　⑦　　⑤　　　①②　　韓亞金融廣場
樂天百貨本店　凡泰傳統手工炸醬麵　　　③①②④　하나금융프라자
롯데백화점 본점　범태옛날손짜장
　　　　　　　醫院　　　　　②　　　　固定店　⑩
　　　　　　　＋　　　　西面地下購物街　고정점
豬肉湯飯街　　　③　　서면지하도상가
돼지국밥거리
　　　西面市場　①　　　　　　　oppodd咖啡
機張手工刀削麵　　　松亭三代　　　　옵포드
서면시장 기장손칼국수　　豬肉湯飯　螞蟻家
　　　金剛部隊鍋　⑤　송정3　　개미집
熙亞家鐵網烤小章魚　킹콩부대찌개　대국밥　주디스태화직영점
희야네석쇠쭈꾸미④　　　梁山咕咕炸雞　　善良的豬
　　　　　　　　　양산꼬꼬　Judies太和百貨　착한돼지
　　　GS25　　　　　쥬디스태화백화점
　　　中央大路691街중앙대로691번길　　CGV
　　　　　　⑥
　　KT&G 想像庭園 釜山
　KT&G상상마당 부산
　　　　　　　　飯桌　Shake Shack
　　　　　　　　밥상　쉐이크쉑
　　　　　　　　⑦　⑧

⑥ KT&G想像庭園 釜山

KT&G상상마당 부산

在充滿文青氣息的空間喝杯咖啡

創意空間

🚇地鐵1、2號線西面站7號出站，出站後步行約6分鐘。　🏠부산 부산진구 서면로 39　📞051-809-5555
🕐空間24小時開放、1樓咖啡廳10:00~22:00、2樓設計廣場10:00~21:00　💲咖啡₩4,500起
www.sangsangmadang.com/main/BS

　和首爾弘大的KT&G想像庭院秉持同樣的理念，大韓菸草公司(KT&G)也在釜山創設了同樣的複合式文化空間。KT&G想像庭院釜山開幕於2020年9月，包括地上13層、地下5層，面積廣達20,000平方公尺。裡頭除了公演場地和展覽空間之外，還有從文青小物、生活用品到球鞋等不同選物店組成的設計廣場。1樓的咖啡館「SAPOON SAPOON」，由正官庄經營，店名來自於紅蔘的核心成分「皂素」(SAPONIN)和英文「湯匙」(spoon)的結合，供應的飲料也很有特色，像是加入紅蔘的「人蔘奇諾」(Ginsengccino)等。

西面站
서면역 / Seomyeon

中洞站
青沙浦 延伸行程
海雲臺站
冬柏站
Centum City
廣安站
田浦站
西面站

滿滿一桌
嘗遍韓式家常
美味

吃貨
力推

❼ 飯桌
밥상

🚇地鐵1、2號線西面站7號出站，出站後步行約8分鐘。 📍부산 부산진구 중앙대로 673 ☎051-806-8889 🕐10:00~21:00 💰1人₩13,000、2人以上每人₩12,000

　　飯桌是一家韓定食餐廳，進到餐廳裡不需要點餐，店員只要確定人數就會直接上菜。在這裡可以以實惠的價格，吃到滿滿一桌傳統料理，大多是一些家常菜。主菜通常為辣炒豬肉和燉魚，伴隨一鍋大醬湯，其他小菜包括雜菜、辛奇、煎餅、涼拌菠菜、芝麻醬高麗菜絲等，光看就讓人食指大動，而且吃完還可以再續，保證能吃得飽飽才離開。

地圖標示：

- 釜田路早轉路
- 銀行
- 銀行 Ⓢ
- ⑮ ⑫
- ⑬ 西面站
- 榮洞PLAZA 영동프라자
- ⑨ ⑪ ⑩ 釜山2號線
- ⑧
- 西面 서면
- ⑦ ⑤ ⑥
- Ⓗ Mellow Stay
- 樂天百貨本店 롯데백화점 본점
- 凡泰傳統手工炸醬麵 범태옛날손짜장
- ❹ ① ②
- 韓亞金融廣場 하나금융프라자
- ❷ 西面地下購物街 서면지하도상가
- 醫院 ➕
- 豬肉湯飯街 ❸ 돼지국밥거리
- ⑩ 固定店 고정점
- 西面市場
- 機張手工刀削麵 서면시장 기장손칼국수
- ❶
- 松亭三代豬肉湯飯 송정3 대국밥
- oppodd咖啡 옵포드
- 熙亞家鐵鍋烤小章魚 ❹ 회야네석쇠쭈꾸미
- ❺ 金剛部隊鍋 킹콩부대찌개
- 螞蟻家 개미집 쥬디스태화직영점
- 善良的豬 착한돼지 ⑨
- 梁山咕咕炸雞 양산꼬꼬
- GS25
- 中央大路691街중앙대로691번길
- Judies太和百貨 쥬디스태화백화점
- ❻ CGV
- KT&G 想像庭園 釜山 KT&G상상마당 부산
- 釜山1號線
- 飯桌 밥상 ❼
- Shake Shack 쉐이크쉑 ❽

8 Shake Shack
쉐이크쉑

🚇地鐵1、2號線西面站2號出站，出站後步行約8分鐘。 🏠부산 부산진구 중앙대로 672 삼정타워 ☎051-520-3707 🕐11:00~22:00 💲Shake漢堡₩8,900起、薯條₩4,900、經典奶昔₩6,800 🌐www.shakeshack.kr

被喻為全紐約（甚至全美國）最好吃的漢堡，Shake Shack成功插旗韓國，並且在釜山也有了分店。**以美味多汁的漢堡聞名**，沒吃過的人，建議吃一次最豐盛的Shack Stack漢堡看看，裡頭除了起司和漢堡肉，還有一大塊肥厚的波特菇，吃起來非常過癮。此外，Shake Shack的奶昔也很有名，有花生醬、草莓等多達7種口味，擔心熱量的人也可以選擇一半冰茶、一半檸檬水的Fifty/Fifty。

漢堡配色光看就讓人食指大動

9 螞蟻家
개미집 쥬디스태화직영점

🚇地鐵1、2號線西面站2號出站，出站後步行約5分鐘。 🏠부산 부산진구 중앙대로680번가길 33-7 ☎051-819-8891 🕐10:00~23:00 💲辣炒章蝦腸₩11,000

螞蟻家是連鎖辣炒章魚專門店，光是西面站就有兩間。營業至深夜，如果住在西面就很適合安排當晚餐或消夜，菜單有辣炒章魚（낙지볶음）、辣炒章魚和蝦（낙새볶음）、辣炒章魚和小腸（낙곱볶음），以及辣炒章魚加蝦和小腸（낙곱새볶음），一整鍋上桌後店員會適時過來快炒，**海鮮的鮮甜加上醬料鹹味，超級下飯**，可以點一人份喔！

10 固定店
고정점

🚇地鐵1、2號線西面站4號出站，出站後步行約5分鐘。 🏠부산 부산진구 중앙대로680번가길 80-5 ☎051-819-7792 🕐17:00~24:00，週一公休。 💲烤豬頸肉₩13,500

隱身在小巷內的固定店，是**釜山最初開始販售調味豬頸肉的烤肉店，肉質非常柔軟，一度讓人以為是在吃牛排**，菜單方面集中販賣單一肉品，也省下外國人點餐時的不便，取而代之的是按照人數點餐的方式。除了招牌豬肉外，烤豬皮也是超Q彈好吃。推薦一定要加點白飯，白飯放上一片火腿，配著店內的烤肉、烤豬皮一起吃，超級下飯！

好吃到讓人誤以為是牛肉的豬頸肉非常軟

中洞站 青沙浦 延伸行程 海雲臺站 冬柏站 Centum City站 廣安站 田浦站 西面站

釜山東海線
부산 동해선

Data
起訖點_釜山鎮←→盈德
通車年份_2015
車站數_37個
總長度_188.3公里
起訖時間_約05:36~24:16(以釜田站和太和江站為參考,各起站不一。)

東海線不是地鐵,而是屬於韓國鐵道公社的廣域鐵道,不過與釜山電鐵共同規劃為都市鐵道。以釜山廣域市東區釜田站和慶尚北道盈德郡盈德站的本線,以及七條支線一起組成,往來於釜山廣域市、蔚山廣域市,以及慶尚北道的慶州市、浦項市和盈德郡。遊客最常使用到的是釜山樂天世界和海東龍宮寺所在的奧西利亞站,以及機張市場同時能延伸行程到竹城聖堂的機張站。(下方路線圖為釜山廣域市和蔚山廣域市部分)

奧西利亞站

隨著東釜山旅遊區的開發,除了海東龍宮寺之外,這裡還有釜山樂天世界、釜山天際線斜坡滑車,以及坐擁絕美海景的特色咖啡館!

海東龍宮寺
韓國唯一一座建於海邊的佛寺,沿著海岸線石壁而建,壯觀的景色成為大家駐足必拍的美景。

釜山天際線斜坡滑車
大人小孩都能玩的!只要認真照指示操作,飆速過程安全又刺激,可以輕鬆享受超車的快感,玩過一次後都會欲罷不能。

機張站

坐落釜山東北邊的機張瀕臨日本海,這裡是東海漁場漁業的中心,可以品嚐到大量且新鮮的海產,機張市場就是大啖海鮮的好去處。從這裡還可以搭乘巴士,前往因電視劇而聲名大噪的竹城聖堂。

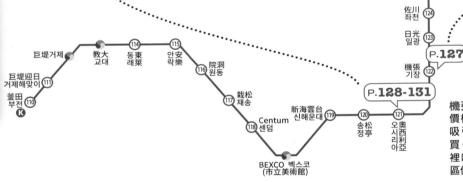

太和江 태화강 (131)
開雲浦 개운포 (130)
德下 덕하 (129)
望陽 망양 (128)
南倉 남창 (127)
西生 서생 (126)
月內 월내 (125)
佐川 좌천 (124)
日光 일광 (123)
機張 기장 (122)
P.127

P.128-131

巨堤巨濟 거제
教大 교대 (114)
東東萊萊 동동래 (115)
安安樂樂 안안락락
院洞園洞 원동 (116)
巨堤迎日 거제해맞이 (111)
釜田 부전 (110) K
栽松 재송 (117)
Centum 센텀 (118)
新海雲台 신해운대 (119)
BEXCO 벡스코 (市立美術館)
松松亭亭 송송정 (120)
奧西利亞 오시리아 (121)

機張市場
價格比札嘎其市場便宜,吸引許多釜山人前來採買。外國遊客則喜歡來這裡吃螃蟹,價格同樣比市區便宜許多。

Stop by Stop零殘念精華路線推薦
達人帶你玩釜山海東線

©韓國觀光公社

奧西利亞站
1 釜山樂天世界
建議參觀時間:3~4小時
占地約50萬平方公尺,共分為六個主題園區,還有各式各樣的表演,加上五花八門的商店,以及選擇眾多的小吃與餐廳。(見P.128-129)

奧西利亞站
2 海東龍宮寺
建議參觀時間:60~90分鐘
歷史回溯14世紀,壯闊海景與宏偉建築相輔相成。(見P.130)

機張站
3 機張市場
建議參觀時間:60~90分鐘
無論雪蟹、帝王蟹或松葉蟹,都比市區便宜,不吃可惜!(見P.127)

機張站
기장역 / Gijang

教堂建築、配色
非常搶眼

竹城聖堂
죽성성당 ②

② 竹城聖堂
죽성드림성당

🚇東海線機張站1號出口，出站後步行約6分鐘，在機張市場外公車站，搭乘機張區6號（기장구）小巴，在「두호해녀복지회관」站下，車程約18分鐘，再步行約4分鐘。或是從機張站直接搭乘計程車前往，車程約10分鐘，車資約₩8,500。　🏠부산 기장군 기장읍 죽성리 134-7

竹城聖堂是2009年時為拍攝韓劇《我的夢想型男Dream》而搭建的場景，後來成為情侶的約會聖地，美麗的風景也吸引攝影迷到此取景，而後又以日出再度變得有名，甚至連外國觀光客都開始慕名前來。

充滿異國情調的紅色尖頂白色牆身就駐立在海岸旁，唯美景色令人難忘！儘管竹城聖堂形單影隻的坐落於岸邊，然而伴隨藍天、大海與陽光，怎麼拍都好看。聖堂內部平時沒有對外開放，然而偶時會有展覽活動，如果聖堂的門打開，便可以入內參觀，大門緊閉時千萬不要強行進入。

① 機張市場
기장시장

大啖高CP值
海鮮好去處

🚇東海線機張站1號出口，出站後步行約6分鐘。　🏠부산 기장군 기장읍 읍내로104번길 16　☎051-721-3963　🕐7:00~22:00　🌐gijangmarket.modoo.at

吃貨
力推

大大小小的攤販將整個市場擠得水泄不通，看似雜亂卻又井然有序的排列著，1985年時為了因應市場現代化計畫，臨時攤販搖身一變成為常設市場。海帶、鯷魚、白帶魚等當地知名水產，依季節輪番供應，**由於價格比札嘎其市場便宜，因此吸引許多釜山人前來採買。**至於外國遊客則喜歡來這裡吃螃蟹，無論是雪蟹、帝王蟹或松葉蟹，價格同樣比市區便宜許多，不過還是要記得多方比價。

©韓國觀光公社

喜歡吃螃蟹的人
一定要嚐嚐

機張站 — 奧西利亞站

奧西利亞站
오시리아역 / Osiria

釜山第一座主題樂園

❶ 釜山樂天世界
롯데월드 어드벤처 부산

全家同歡

🚇東海線奧西利亞站1號出口，出站後步行約10分鐘。 🏠부산 기장군 기장읍 동부산관광로 42 ☎1661-2000 🕙平日10:00~20:00、週末和國定假日10:00~21:00 💲一日券成人₩47,000、青少年₩39,000、65歲以上長者₩33,000、幼童₩12,000 🌐adventurebusan.lotteworld.com

期待許久，釜山終於有自己的主題樂園了！釜山樂天世界正式在2022年3月31日開幕，占地約50萬平方公尺，大約是首爾蠶室樂天世界的3～4倍大。**以童話王國為主題，總共分為六大主題園區，擁有17項遊樂設施**。園內還有各式各樣的表演，加上五花八門的商店，以及選擇眾多的小吃與餐廳，讓你重新找回快樂的時光～～

三大必玩最驚險遊樂設施

推薦❶：巨型挖掘機
雲霄飛車愛好者絕對不能錯過時速高達105公里、360度旋轉的巨型挖掘機，一趟飛躍1,000多公尺的旅程讓人腎上腺素每秒不斷飆高！

推薦❸：驚濤駭浪
從40公尺高、大約13層樓的高度瞬間下墜的驚喜還不夠過癮？別擔心，還有急速倒退上升挑戰等著你。

推薦❷：超級大擺錘
就在巨型挖掘機旁的超級大擺錘，左右搖擺超過180度、甚至將近270度的擺幅。千萬不要往下看，你不會想知道自己倒底「飛」得有多高。

遊行

🚶 以皇家花園區噴泉四周為核心繞一圈

遊行視季節不同調整時間，通常下午和晚上各有一場，出發前可以先上官網查詢。遊行以城堡前方的皇家花園區為主要表演場所，並以噴泉四周為核心繞一圈。

和洛莉與羅蒂一起跳舞同歡

地圖標示：
- ① 釜山樂天世界 롯데월드 어드벤처 부산
- ⑤ 釜山天際線斜坡滑車 스카이라인 루지 부산
- ② 樂天名牌折扣購物中心東釜山店 롯데 프리미엄아울렛 동부산점
- ④ 龍宮海鮮托盤炸醬麵 용궁해물쟁반짜장
- ③ 海東龍宮寺 해동용궁사
- ⑥ CORALANI 코랄라니

Osiria站 오시리아 역
東海線

購物首選：洛莉商場
Lorry's Emporium

　　釜山樂天樂園中附設了許多商店，雖然每家店的商品不盡相同，不過位於大門附近的洛莉商場是最大的一間，各式各樣羅蒂（Lotty）和洛莉（Lorry）商品齊聚，從Q版到各種造型都有，商品更是小從鑰匙圈、零錢包，大到頸枕、背包一應俱全。

一站買遍潮牌精品的購物天堂

② 樂天名牌折扣購物中心東釜山店
롯데 프리미엄아울렛 동부산점

🚇 東海線奧西利亞站1號出口，出站後步行約16分鐘。或是從釜山樂天世界步行前往約10分鐘。　🏠 부산 기장군 기장읍 기장해안로 147　☎ 1577-0001　🕙 10:30~21:00　🌐 www.lotteshopping.com

購物強推

　　白色燈塔的外觀非常醒目，靈感來自希臘聖托里尼島，**樂天名牌折扣購物中心不只是購物商場，還結合了樂天超市以及樂天電影院**，同時附設遊樂設施，帶小孩前往也不必擔心。齊聚國內外知名品牌，從韓國潮牌MLB、美國知名休閒品牌Polo，以及Gucci、Balenciaga等國際精品。除服飾外，還有寢具和廚具等超過550家商店，提供20~60%的折扣，讓你買得過癮。

奧西利亞站
오시리아역 / Osiria

位於東海最南端的海上仙境

❸ 海東龍宮寺
해동용궁사

臨海而建的水上法堂

海岸寺廟

📍東海線奧西利亞站1號出口，出站後從前方「오시리아역」公車站，搭乘1001、139號公車，在「용궁사.국립수산과학원」站下車，後步行約10分鐘。 📮부산 기장군 기장읍 용궁길 86 ☎051-722-7744 ⏰4:30~19:20 💲免費 🌐 yongkungsa.or.kr

相傳摸了他圓滾滾的肚子就能一舉得男

寺廟入口前的六十甲子十二支像

海東龍宮寺是韓國最美的寺廟，也是韓國唯一一座建於海邊的佛寺，由高麗恭愍王的王師懶翁大師創建於1376年，原名普門寺，爾後壬辰倭亂戰禍時被燒毀，

據說將硬幣投進許願池小童手上的缽就能心想事成

經過重建，1974年當時的住持夢見乘著龍、身穿白衣的觀世音菩薩，因而更名為海東龍宮寺。沿著海岸線石壁建造的寺廟，不時有海水打上岸的岩石海岸和寺廟建築的壯觀景色，是大家駐足必拍的美景。**寺內最高處有尊高約10公尺的海水觀音大佛，是以單一石材建成的韓國最大石像**，非常壯觀。

釜山樂天世界與海東龍宮寺、釜山天際線斜坡滑車之間的交通
釜山樂天世界距離海東龍宮寺和釜山天際線斜坡滑車不遠，建議可以直接搭乘計程車前往。到海東龍宮寺約需7~10分鐘，車資約₩7,000~₩8,500。到釜山天際線斜坡滑車約需6分鐘，車資約₩6,000~₩6,500。如果要搭公車，則必須回到奧西利亞站前搭1001號公車，或是在樂天名牌折扣購物中心東釜山店搭乘185號公車，車程約20~30分鐘，車資₩1,550。

❹ 龍宮海鮮托盤炸醬麵
용궁해물쟁반짜장

電視台爭相報導的美食店

📍東海線奧西利亞站1號出口，出站後從前方「오시리아역」公車站，搭乘1001、139號公車，在「용궁사.국립수산과학원」站下車，後步行約8分鐘。 📮부산 기장군 기장읍 기장해안로 208 ☎051-723-0944 ⏰週二~日10:00~21:00 💲海鮮托盤炸醬麵₩11,000

海東龍宮寺附近超有名炸醬麵店，是許多人到海東龍宮寺參拜之餘順道探訪的餐廳之一。**店內最有名的招牌菜是海鮮托盤炸醬麵**（해물쟁반짜장），麵裡吃得到蝦仁、小章魚、魷魚塊及蔬菜，麵條略帶點綠色，吃起來微辣；如果不能吃辣也可點原味炸醬麵。

① 釜山樂天世界
롯데월드 어드벤처 부산

釜山天際線斜坡滑車 ⑤
스카이라인 루지 부산

② 樂天名牌折扣購物中心東釜山店
롯데 프리미엄아울렛 동부산점

龍宮海鮮托盤炸醬麵 ④
용궁해물쟁반짜장 ③

海東龍宮寺
해동 용궁사

CORALANI
코랄라니 ⑥

坐擁海景第一排的
絕佳視野

⑥ CORALANI

코랄라니

📍地鐵東海線奧西利亞站1號出口，出站後從前方「오시리아역」公車站，搭乘185號公車，在「공수·양경마을」站下車，後步行約5分鐘。從釜山天際線斜坡滑車，可以搭乘100、海雲台區9（해운대구9）號公車，在「공수·양경마을」站下車，後步行約5分鐘。 🏠부산 기장군 기장읍 기장해안로 32 ☎051-721-6789 🕐10:00~22:00 💲美式咖啡₩6,000 🌐www.instagram.com/cafecoralani

洗板IG、最紅的海景咖啡店之一，**清水模的外觀，兩大片階梯式露天沙發區，完全面海就像要走進湛藍的海水一般！**坐在水藍色的懶骨頭上，一邊看著白色遮陽傘隨風飄逸一邊欣賞蔚藍海水，堪稱完美，天氣好時總是一位難求。搶不到露天區沒關係，4層樓高的咖啡店座位非常多，不論是大片落地窗邊、或是窗前陽台露天座位，都可以欣賞到絕美海景。

欣賞海景同時
感受刺激

飆速
體驗

⑤ 釜山天際線斜坡滑車

스카이라인 루지 부산

📍東海線奧西利亞站1號出口，出站後從前方「오시리아역」公車站，搭乘1001、139號公車，在「용궁사·국립수산과학원」站下車，後步行約1分鐘。 🏠부산 기장군 기장읍 기장해안로 205 ☎051-722-6002 🕐週一~五10:00~19:00、週六~日10:00~20:00 💲2次券：成人網路價₩28,000、兒童₩12,000；3次券：成人網路價₩28,500、成人現場價₩30,000、兒童₩12,000；4次券：成人網路價₩31,350、成人現場價₩33,000、兒童₩12,000；5次券：成人網路價₩34,200、成人現場價₩36,000、兒童₩12,000，價格皆含斜坡滑車和空中吊椅。 🌐www.skylineluge.kr/busan

喜歡刺激娛樂的話，決不能錯過釜山斜坡滑車的有趣快感，無論大人小孩都能玩！釜山天際線斜坡滑車以次數計價，分為2~5次，越多次越划算，網路先訂票也會更便宜。體驗斜坡滑車需搭乘空中吊椅上山，過程中可將釜山樂天世界和下方賽道上奔馳的滑車一覽無遺。戴上安全帽，出發前會有專業工作人員教學，只要學會煞車和變換方向，任何人都可以安全飆速。

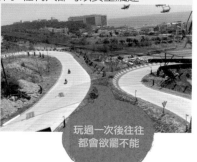

玩過一次後往往
都會欲罷不能

大邱地鐵 1 號線
대구 도시철도 1호선

Data
起訖點_舌化椧谷站←→安心站
通車年份_1997
車站數_32個
總長度_28.4公里
起訖時間_約05:25~23:16(各起站不一)

大邱地鐵1號線是大邱市第一條興建的地鐵線路,其路線自達城郡的舌化椧谷站到東區的安心站,於1991年開始動工,並在1997年開通辰泉站至中央路站線路,一直到2002年全線開通營運。1號線中最常被觀光客使用到的分別為半月堂站、中央路站、大邱站及東大邱站,其中東大邱是大邱連結其他城市的重要火車站,鄰近的峨洋橋站是距離大邱國際機場最近的地鐵站,常作為機場與市區的接駁中繼站。

安吉郎站

從散發悠閒氣息的前山咖啡街,到大邱知名美食烤腸的主題街道,也有人為了拜訪前山展望台而來,最近還多了新景點前山天空愛情橋和前山日落觀景台。

前山展望台
韓國觀光100選,也是韓劇《金秘書為何那樣》的拍攝地。這裡的大邱市景觀更加壯闊,180度一覽無遺。

大明站

大明站是最靠近頭流公園聖堂池的地鐵站,經由徒步穿越當地小巷,一邊感受當地氣息,一邊愜意地前往目的地。

Sungdangmot VILL Café
這家咖啡廳靠近聖堂池,因大片絕美落地窗,在社群媒體上成為大邱人熱門打卡咖啡廳之一。

七星市場站

七星市場是大邱最知名的傳統市場之一,擁有非常龐大的商圈。附近還有近幾年才興起的夜市,以及不能錯過的市場和在地美食。

樂榮燉排骨
樂榮燉排骨是東仁洞燉排骨街上最有名氣的店家,從1974年的小店擴展成今日整棟三層樓。燉排骨加入辣椒粉、蒜頭及砂糖悶煮燉熟,溫和好入口。

中央路站

與半月堂站及2號線的慶大醫院站,是來到大邱必玩的黃金三角地帶,三處皆是徒步能到的距離,可以安排在一起玩。

中央辣炒年糕
自1979年開業至今,全國僅此一家、絕無分店的超人氣小吃店,連韓國名廚白種元也曾認證!

P.156-158
P.154-155
P.148-153
P.159
P.140-147
P.135-139
P.134

아양교·峨洋橋·大邱國際공항입구

동東대大구邱역站站
동東구區청廳청廳

137

136 東區廳

135

134 新川
신천

133 七星市場
칠성시장

132 大邱站
대구역

131 中央路
중앙로

2 1 半月堂
반월당

3 1 明德
명덕

128 教大
교대

127 嶺大醫院
영대병원

126 顯顯忠路
현현충로

---

115 설舌화化명明곡谷

116 花花원園園

117 大大곡谷

118 辰辰천泉(보강병원)

119 月月배背

120 上上인仁

121 月月촌村

122 松松현峴

123 西西부部정정류場站장

124 大大명明

125 安安지랑郎

大邱地鐵 1 號線

東大邱站

　地鐵東大邱站與鄰近的客運站，以及京釜高速線和京釜線的鐵路車站，共組複合轉乘中心，一旁還有新世界百貨，已成為大邱的代表地標。

新世界百貨
與東大邱ＫＴＸ火車站緊鄰的新世界百貨，是大邱規模最大的百貨公司，共9層樓高，裡進駐多間知名海內外品牌，還有一座水族館。

東 동 村村 138	解 해 안顏 139	方 방 芳村 村村 140	龍 용 溪溪 141	栗 율 下下 142	新 신 基基 143	半 반 夜 야 月月 144	角 각 山山 145	安 안 心心 146

峨洋橋站

　副站名為大邱國際機場，緊鄰琴湖江的它有著昔日舊鐵道改建而成的峨洋鐵橋。從這裡也可以轉乘巴士，將行程延伸至八公山。

峨洋鐵橋
峨洋鐵路（아양기찻길）在2008年劃下句點，儘管火車線遭到廢除，昔日的鐵路卻被保留了下來，成為一處新景點。

半月堂站

　半月堂站作為大邱市中心站，為大邱都市鐵道1、2號線的轉乘處，是許多遊客必經之站。由此也能從桂山聖堂一路前往青蘿坡參觀。

3.1運動路
位於桂山聖堂對面的90級階梯，是韓劇《金秘書為何那樣》場景，爬到頂端就是青蘿坡。

Stop by Stop零殘念精華路線推薦
達人帶你玩
大邱地鐵1號線

半月堂站
1 桂山聖堂
建議參觀時間：60~90分鐘

桂山聖堂為大邱地區唯一留下的1900年代初期建物，春季時周邊有滿開的櫻花。(見P.143)

半月堂站
2 青蘿坡
建議參觀時間：60~90分鐘

從3.1運動路走上青蘿坡，看看19世紀末韓屋配上彩繪玻璃的建築。(見P.145)

中央路站
3 香村文化館
建議參觀時間：60~90分鐘

換上學生服、警察裝或韓服，走進1950~1960年代的韓國庶民生活場景。(見P.151)

峨洋鐵橋：八公山
4 八公山
建議參觀時間：90~120分鐘

八公山擁有豐富的四季景色，是許多韓國在地人會推薦外國遊客的必遊景點之一。(見P.160)

七星市場站
5 樂榮燉排骨 或 星空想像七星夜市
建議參觀時間：60~90分鐘

尋訪在地美食，無論是軟嫩香甜的燉排骨，或是在夜市以不同小吃大快朵頤。(見P.155)

大邱地鐵 ① 號線

133

大明站

安吉郎站 | 延伸行程

前山

半月堂站

中央路站

七星市場站 | 東大邱站

峨洋橋站

八公山 | 延伸行程

大明站
대명역 / Daemyeong

① Sungdangmot VILL Café
성당못빌

> 美照拍不完的絕美大窗

> 網美打卡

🚇地鐵1號線大明站1號出口，出站後步行約10分鐘。 📍大邱 南區 성당로 54-5 ☎050-71307-1784 🕐11:00～22:00，週一公休。 💲美式₩5,000、檸檬茶₩5,500

這家靠近聖堂池的咖啡廳，因為**擁有一片絕美大窗，而在社群媒體上成為大邱人熱門打卡咖啡廳之一**。咖啡廳是一棟公寓式建築，店內同時設有戶外區與室內區。推薦店內的季節甜點草莓塔，新鮮草莓搭配不甜膩的鮮奶油，塔皮酥脆爽口略帶淡淡奶香。藍莓優格冰沙則以新鮮藍莓製作，吸取時可以直接吃到藍莓顆粒，優格冰沙與藍莓比例恰到好處，非常值得一試！

> 新鮮水果製成的飲料和甜點

E-world、83塔
이월드、83타워

頭流公園
두류공원

② Green Face Café
그린페이스카페

聖堂池
성당못

Sungdangmot VILL Café
성당못빌

大明站 대명역
地鐵1號線

> 租借道具到公園外拍便野餐

> 利用道具為照片增添趣味性

② Green Face Café
그린페이스카페

🚇地鐵1號線大明站1號出口，出站後步行約20分鐘。 📍大邱 딤
서구 성당로 117-10 ☎0507-1347-0181 🕐週三12:00～20:0(
💲美式咖啡₩4,000、兩人野餐租借套餐₩25,000 🌐www.
instagram.com/greenface_cafe

Green Face Café由三位大男生創立，他們各自負責吧台、宣傳及攝影師的工作，因為都是學設計出身，而且都是大邱在地人，所以開設了這間結合咖啡廳、照相館，以及特殊野餐出租體驗的複合式咖啡廳。店內有許多吉普賽、波希米亞及中東風格的內用座位區，四處還可以看見法國麵包、時尚雜誌、鮮花花束、可愛泰迪熊，甚至是野餐籃、水果等可租借的外拍道具，讓畫面更豐富。如果單純想來店內喝飲料也可以，提供咖啡、果汁等飲品，以及簡單貝果輕食。

安吉郎站
안지랑역 / Anjirang

除了小腸還有
年糕增添風味

大明站

安吉郎站
前山

延伸行程

半月堂站

中央路站

七星市場站

東大邱站

峨洋橋站

八公山

延伸行程

---

① 安吉郎烤腸街
안지랑 곱창골목

大邱必訪烤腸
一條街

在地
美食

地鐵1號線安吉郎站2號出口，出站後步行約8分鐘。

韓式烤腸是大邱十味之一，在安吉郎站附近有一條充滿烤腸店的街道，特別的是每間店的招牌都統一格式、整齊劃一，店名像是「大發」、「SMILE」、「黃金」等也相當直白有趣。菜單都清清楚楚的張貼在門外，價格像是統一公定價，各家店面從中午就開始營業到深夜，可說是韓國版的深夜食堂聚集地。

大發烤腸
대박곱창막창

🏠대구 남구 대명로36길 63 대구 남구 대명동 872-9　☎053-655-5645　●12:00~2:00，每月第一、第三個週日公休。　💲小腸₩14,000

　大發烤腸供應小腸（곱창）、豬或牛大腸頭（막창）、五花肉等，烤腸街比較特別的是，將小腸用一個鐵盆裝滿就是一份，**鐵盆小腸（곱창 한바가지）還搭配年糕，有一種老式風味**。烤腸配料有洋蔥、蘿蔔、玉米粒、豆瓣醬，老闆會幫忙烤熟之後跟你說可以吃了，口感相當有嚼勁又入味，食量大的女生和男生可以一人吃這樣一盆的份量。

安吉郎站
안지랑역 / Anjirang

2 crafter
크래프터

🚇地鐵1號線安吉郎站3號出口，出站後步行約12分鐘。 🏠大邱 南區 顯忠路 41-3 ☎0507-1392-4525 🕐12:00~20:30，週二、三公休。 💲蛋糕₩6,000起、飲料₩5,000起 📷www.instagram.com/craft__er

　藏在小巷弄中的小花園！crafter將韓屋混搭成一棟歐洲小宅，在庭院有五顏六色的鮮豔花朵和植栽，**木頭與純白色系交織的小房子搭上夢幻白色窗簾，就像在英國花園度假一般**，供應手沖咖啡、拿鐵和各種蛋糕，是滿足少女幻想的田園系咖啡廳。

木頭桌椅打造出的舒適空間

前山咖啡街 앞산카페거리
🚇地鐵1號線安吉郎站3號出口，出站後步行約15分鐘。
前山美麗的景致，讓山腳下漸漸聚集了許多咖啡廳，因而形成特殊的前山咖啡街區域。街道上還有相關壁畫藝術，用韓文寫下「你現在就想喝咖啡」、「我請吃飯的話你就請喝咖啡吧」等相關詼諧話語，散步其間選一間咖啡廳愜意欣賞前山之美吧。

純白建築本身堪稱藝術

3 PLANT
플란트

🚇地鐵1號線安吉郎站3號出口，出站後步行約15分鐘。 🏠大邱 南區 顯忠路7街 13-1 ☎0507-1327-2575 🕐11:00~22:00 💲咖啡₩5,000起、鹽味捲₩3,500、蛋糕₩8,500 📷www.instagram.com/plant__coffee

用前山美景享受下午茶

達人激推

　很難不注意到這棟全白色系的建築，鋪上小白石的1樓露天座位區非常美，室內有不少窗戶和天窗，桌椅不知是否有計算過光影位置，擺放的精巧也不擁擠，藝術般的花瓶讓每一個角落都是一幅畫，**特別是2樓以透明天窗營造出的露天座位，可以欣賞窗外的前山，搭配美味的可頌、鹽味捲、磅蛋糕和德式扭結麵包，美味又愜意。**

櫻花季必訪的
大邱咖啡廳

平日的景色也
很幽靜宜人

季節
美景

④a.nook
아눅앞산

🚌地鐵1號線安吉郎站4號出口前「안지랑네거리2」公車站，搭乘410-1、達西4（달서4）號公車，在「안지랑골입구」站下車後步行約6分鐘。 🏠대구 남구 앞산순환로 459 ☎0507-1422-1060 ⏰10:00~22:00 💲鹽味捲₩3,500 📷www.instagram.com/a.nook_

　每到櫻花季，二樓大片窗前的櫻花樹滿開，目光所及都是櫻花，可以完美拍出櫻花滿版的背景照，是前山必訪咖啡廳之一！除了櫻花季，這裡原本就是人氣很高的早午餐店，供應許多麵包以及豐富的早午餐，可頌、鹽味捲、肉桂捲、貝果等都廣受好評，加上特定靠窗座位可以看到窗外的韓屋建築，平日中午前就已逼近客滿。

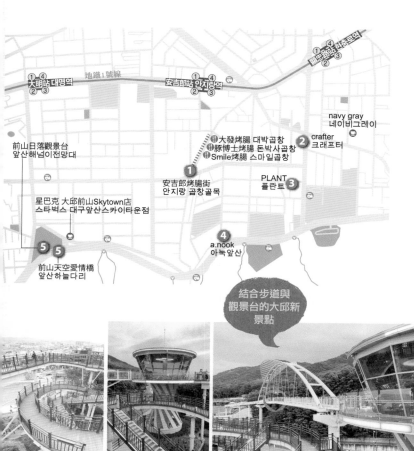

地鐵1號線

①④③大明站 대명역

①④③安吉郎站 안지랑역

①④③七星路站칠성시장역

navy gray 네이비그레이

Ⓜ大發烤腸 대박곱창
Ⓜ豚博士烤腸 돈박사곱창
ⒺSmile烤腸 스마일곱창

② crafter 크래프터

前山日落觀景台
앞산해넘이전망대

安吉郎烤腸街
안지랑 곱창골목

PLANT ③
플란트

星巴克 大邱前山Skytown店
스타벅스 대구앞산스카이타운점

④ a.nook
아눅앞산

⑤ ⑤
前山天空愛情橋
앞산하늘다리

結合步道與
觀景台的大邱新
景點

⑤前山天空愛情橋·前山日落觀景台
앞산하늘다리·앞산해넘이전망대

🚌地鐵1號線安吉郎站4號出口前「안지랑네거리2」公車站，搭乘410-1、達西4（달서4）號公車，在「앞산자락카페마실앞」站下車後步行約5分鐘。 🏠대구 남구 대명동 1501-2 ☎053-664-2783 ⏰9:00~22:00，天候不佳可能關閉 💲免費

　2022年開放的前山天空愛情橋·前山日落觀景台，夕陽西下的美景讓這裡成為新興人氣景點，一旁的星巴克頂樓可以將兩座建築盡收眼底。前山天空愛情橋的起點在前山洗衣處公園（앞산 빨래터공원），沿著木棧道往上走，可以從不同角度欣賞天空愛情橋的多樣面貌。傍晚開始點燈，**隨著燈光變換和夕陽西下的背景非常美，蜿蜒的木棧道也成為畫龍點睛的絕配。**

大明站　安吉郎站　前山 延伸行程　半月堂站　中央路站　七星市場站　東大邱站　峨洋橋站　八公山 延伸行程

安吉郎站延伸行程
前山
앞산／Front mountain

搭乘纜車可以擁有更多不同賞景角度

① 前山纜車
앞산 케이블카

🚇地鐵1號線安吉郎站4號出口前「안지랑네거리2」公車站，搭乘410-1號公車，在「앞산공원」站下車後步行約15分鐘。 🏠대구 남구 앞산순환로 574-114 ☎053-656-2994 ⏰詳見纜車時間表 💲大人來回₩12,000、單程₩8,000，小孩來回₩8,000、單程₩6,000 🌐www.apsan-cablecar.co.kr

　前山纜車是到前山展望台的必經之路，到達纜車站之前會先走一段山路。纜車班次5~15分鐘一班，車程約6分鐘，共有兩台纜車同時往上和往下，車內座位不多，大多得站立，因此如想拍到對向纜車可得卡好位子。**從纜車看出去的山景非常壯觀，尤其是秋季時的滿山楓葉，吸引大批人潮搭纜車賞楓。**

往來前山纜車與前山天空愛情橋・前山日落觀景台交通

前山纜車和前山天空愛情橋・前山日落觀景台不遠，推薦將行程排在一起。建議可以先在前山搭纜車到前山展望台，傍晚再下山，走過原本下公車的總站，一直走至平地大馬路後左轉，有個位於停車場前的公車站，步行約18分鐘。在此搭乘達西4（달서4）號公車在「앞산자락카페마실앞」站下車後往前直行，會經過星巴克，左邊就會看到前山天空愛情橋・前山日落觀景台了。

月份	首班纜車	回程末班纜車 （售票所30分鐘前關門）	
		平日	週五~日、國定假日
1月	10:30	18:30	20:00
2月	10:30	19:00	20:30
3月	10:30	19:30	21:00
4月	10:30	19:30	21:30
5月	10:30	19:30	22:00
6月	10:30	19:30	22:00
7月	10:30	19:30	22:00
8月	10:30	19:30	22:00
9月	10:30	19:30	21:30
10月	10:30	19:00	21:00
11月	10:30	18:30	20:30
12月	10:30	18:30	21:00

展望台的景觀一望無際相當迷人

SOPRA OBSERVATORY屋頂展望台
☎053-656-2994 ⏰24小時 💲免費

　到達前山山上的纜車站後，2F就是餐廳和咖啡廳，以及SOPRA OBSERVATORY屋頂展望台，就算**沒有用餐也可以前往展望台，從這邊看出去的風景已經非常美**，可以俯瞰整個大邱市，如果在咖啡廳點餐，也可以到下方露天座位，非常好拍。

大明站
安吉郎站 ─ 前山 ─ 延伸行程
半月堂站
中央路站
七星市場站
東大邱站
峨洋橋站
八公山 ─ 延伸行程

旅遊諮詢處 ❶

大邱前山公園
대구앞산공원 ◉

← 往 ❷ 前山公園展望台앞산공원전망대

前山纜車
앞산 케이블카 ❶

視野無比遼闊
零死角

前往前山纜車／前山公園展望台交通Step by Step

❶ 地鐵1號線安吉郎站4號出口前「안지랑네거리2」公車站，搭乘410-1號公車，在「앞산공원」站下車。

❷ 從公車站下車後，往前山公園的方向前進，也會看到往前山纜車的標示。

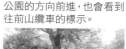

❸ 途中會經過一座小空地和涼亭，以及「洛東江戰勝紀念館」。

❹ 之後到岔路口，會看到標示車輛往左、行人往右的告示牌，跟著指示往右走。不久之後就會看到前山纜車站。

❺ 到達山上纜車站後，往右邊跟著指標走，經過一段步道和一整排的愛情鎖，就會到達前山公園展望台。

❷ 前山公園展望台

앞산공원전망대

將大邱180度美景盡收眼底

登高望遠

🏔 대구 남구 대명동 산227-4　🕐24小時　💲免費

　　抵達前山山上的纜車站後，往右方跟著指標走一段路，就可以來到前山公園展望台。**前山公園展望台獲選為韓國觀光100選，也是韓劇《金秘書為何那樣》的拍攝地。**這裡的大邱市景觀更加壯闊，180度一覽無遺。

　　2023年配合兔年，在展望台打造了一隻金兔裝置藝術，這隻兔子是用韓文篆空字體排列而成，仔細看可以看到「遇到對的人吧！(좋은 사람 만나세요)」、「請成功吧！(성공하세요)」、「成為有錢人吧！(부자되세요)」等正能量又會心一笑的句子，兔子在夜晚還會打燈，相當漂亮。

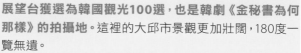

一出地鐵站就能逛街

中央圓形大廳有手扶梯可通往B1夾層

半月堂站
반월당역 / Banwoldang

① 半月堂地下街
반월당 지하상가

地鐵1、2號線半月堂站，與整個地鐵站連通。 대구 중구 달구벌대로 지하 2100 053-428-8900 視店家而異，每月第一個週一公休。

一出站就能逛街，半月堂地下街無論何時都聚集人潮。主要沿地鐵2號線半月堂站的範圍延伸，地下街位於B2，服飾店、飾品店、鞋店、化妝保養品店、寵物用品店、隱形眼鏡專賣店……琳瑯滿目的店家讓人眼花撩亂，這裡還有許多藥房，B1夾層還可以找到像是「飯捲天國」之類的餐廳。

半月堂炸雞
반월당닭강정

地鐵1、2號線半月堂站14號出口，出站後步行約1分鐘。 대구 중구 달구벌대로 지하 2100 메트로센터 지하 C107호 053-257-0048 10:00 ～ 22:00 年糕、炸雞或炸雞年糕杯裝各₩4,000，盒裝₩7,000~₩20,000。

在半月堂地下街靠近14號出口的地方，聚集著幾家小吃攤，半月堂炸雞也是其中之一。店內只提供兩種食物：年糕與炸雞，炸雞有多種調味，包括原味（순항맛）、辣味（매운맛）、醬油口味（간장맛）、起司口味（치즈맛）。想解解饞的人，可以點份杯裝炸雞年糕邊走邊吃，人多不妨選擇派對盒或家庭盒。

多種口味的無骨炸雞方便邊走邊吃

ECC COFFEE 이씨씨커피

急行1號公車站牌（往市區）

大邱近代歷史館 대구 근대역사관

QK bakery 큐케이베이커리

急行1號公車站牌（往八公山）

大邱藥令市韓醫藥博物館 대구 약령시 한의약박물관

舊第一教會／大邱基督教歷史博物館 제일교회/대구기독교역사관

第一教會 제일교회

咖啡名家CAMP by咖啡名家 커피명가캠프바이커피명가

慶北書院 교남YMCA

藥廛 약전

星巴克 大邱中 스타巴 고택보

② ③

⑩ 青蘿坡 청라언덕

⑨

⑦

⑥

④ 嶺南大路 영남대로 과거길

⑤ 李相和古宅 이상화 고택

⑧ 3.1運動路 3.1운동계단

徐相敦古宅 서상돈고택

⑫ 巨松燉排骨 거송갈비찜

半月堂炸雞 반월당닭강정

半月堂地下街 반월당 지하상가

桂山聖堂 대구계산동성당

地鐵2號線

① 18 19 20

⑪ 有昌飯店 유창반점

② 舊第一教會／大邱基督教歷史博物館

제일교회/대구기독교역사관

🚇 地鐵1、2號線半月堂站18號出口，出站後步行約6分鐘。 🏠 大邱中區 남성로 23 ☎ 053-256-5441 💲 免費 🌐 www.firstch.org

有著白色尖塔的紅磚建築歷史將近百年

大邱第一教會是慶北地區最早的基督教會。來自美國北長老會的牧師1896年時改建了大邱的住宅，建立了新教教堂。後來因為信徒陸續增加，教堂也不斷擴建，**今日這棟雙層紅磚建築興建於1933年，3年後又增建了高達33公尺的五層鐘樓，以飛扶壁、尖拱窗和哥德式尖塔為特色。**過去60年來一直被當成禮拜堂使用，如今以博物館之姿對外開放，展示大邱基督教一路以來的發展歷史。

博物館外傳統造型的藥令門

模型展示昔日藥令市場的交易情形

③ 大邱藥令市韓醫藥博物館

대구약령시한의약박물관

🚇 地鐵1、2號線半月堂站18號出口，出站後步行約6分鐘。 🏠 대구 중구 달구벌대로415길 49 ☎ 053-253-4729 🕐 9:00~18:00，週一、元旦、春節、中秋節公休。 💲 免費 🌐 www.daegu.go.kr

藥令市是國王特許開設的藥材市場，大邱藥令市打從朝鮮時代起就已存在，是韓國三大中藥市場之一。

博物館開幕於1993年，總共分為三層，1樓主要是韓藥材批發市場，2、3樓**展出大邱藥令市400年來的歷史，以及韓醫藥的原理和健康實踐。**除了透過模型重現過往藥材從發現到交易一路以來的情形，還能看到包括熊膽、烏梢蛇等各種珍貴的藥材、《東醫寶鑑》等韓醫書，以及切藥用的各種相關工具，此外還能體驗試穿韓服。

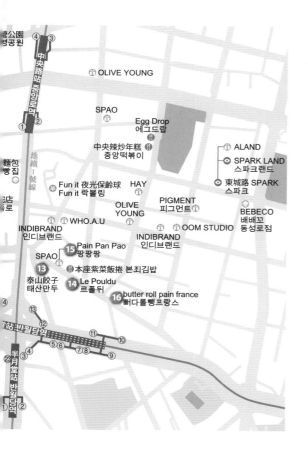

OLIVE YOUNG

SPAO

Egg Drop 에그드랍

中央辣炒年糕 중앙떡볶이

🅐 ALAND

🅢 SPARK LAND 스파크랜드

🅔 東城路 SPARK 스파크

Fun it 夜光保齡球 Fun it 락볼링

HAY

OLIVE YOUNG

PIGMENT 피그먼트

BEBECO 배배꼬 동성로점

WHO.A.U

🅞 OOM STUDIO

INDIBRAND 인디브랜드

INDIBRAND 인디브랜드

15 Pain Pan Pao 팡팡팡

SPAO

13 🍜 本座紫菜飯捲 본죄김밥

泰山餃子 태산만두

14 Le Pouldu 르풀뒤

16 butter roll pain france 뻐다롤빵프랑스

大明站
安吉郎站
延伸行程
前山
半月堂站
中央路站
七星市場站
東大邱站
峨洋橋站
延伸行程
八公山

半月堂站
반월당역 / Banwoldang

讓人回想昔日風情的壁畫

④ 嶺南大路
영남대로 과거길

🚇 地鐵1、2號線半月堂站18號出口，出站後步行約8分鐘。

🏛 대구광역시 중구 약령길　⏱ 24小時　💲 免費

　嶺南大路是朝鮮時代大邱地區連接漢陽（首爾）和東萊（釜山）的重要貿易要道之一，除了是當時赴京趕考的儒生必經之路，也是朝鮮時代藥令市運送藥材至宮中的道路。長約380公里，據說走完全程需要14天，位在中心點的大邱類似現在的休息站。

木造建築給人沈靜氣息

⑤ 李相和古宅
이상화 고택

🚇 地鐵1、2號線半月堂站18號出口，出站後步行約6分鐘。　🏛 대구광역시 중구 서성로 6-1　☎ 053-256-3762　⏱ 冬季10:00~17:30、夏季9:00~18:00，春節、中秋節公休。　💲 免費　🌐 www.jung.daegu.kr/new/culture/pages/culture/page.html?mc=0336

　出生於1901年的李相和，是韓國最重要的現代詩人之一，他最知名的詩創作於日本殖民時期，表達了人民的悲痛、失落與哀傷。這處古宅是他1939年起一直住到1943年過世時的地方，兩棟單層木造建築經整修後，以募得的資金重新擺設展出。

ECC COFFEE 이씨씨커피

急行1號公車站牌（往市區）

大邱近代歷史館 대구 근대역사관

QK bakery 큐케이베이커리

急行1號公車站牌（往八公山）

大邱藥令市韓醫藥博物館 대구 약령시 한의약박물관

舊第一教會／大邱基督教歷史博物館 제일교회/대구기독교역사관

藥廛 약전

星巴克大邱스타地택정

第一教會 제일교회

咖啡名家CAMP by咖啡名家 커피명가캠프바이커피명가

② ③

慶北書院 교남YMCA

④

⑩ 青蘿坡 청라언덕

⑨

⑧ 3.1運動路 3.1운동계단

⑦

⑥

⑤ 李相和古宅 이상화 고택

嶺南大路 영남대로 과거길

⑫ 巨松燉排骨 거송갈비찜

徐相敦古宅 서상돈고택

半月堂炸雞 반월당닭강정

半月堂地下街 반월당 지하상가

① ⑱ ⑰

地鐵2號線

桂山聖堂 대구계산동성당

⑲ ⑳

⑪ 有昌飯店 유창반점

⑥ 桂山聖堂
계산성당

> 大邱最美麗的哥德式建築

> 知名地標

> 春天桂山聖堂周邊還能欣賞到盛開的櫻花

🚇地鐵1、2號線半月堂站18號出口，出站後步行約7分鐘。🏠대구 중구 서성로 10 ☎053-254-2300 🕐6:30~21:00 💲免費 🌐www.gyesancathedral.kr

桂山聖堂為大邱地區唯一留下的1900年代初期建物，風格屬磚瓦結構哥德式建築，是天主教大邱總教區的主教座堂。1886年時由在大邱地區進行傳教活動的羅伯特神父（Robert,A.P.）買地建立。落成於1902年。教堂採用拉丁十字結構，兩側翼廊從位於中央的正殿延伸，裡頭點綴著彩繪玻璃，是大邱必訪的歐風教堂。

> 聖堂彌撒時間時禁止外人進入

桂山聖堂的彩繪玻璃

你發現了嗎？桂山聖堂的彩繪玻璃和一般教堂有些不太一樣？除了耶穌和玫瑰窗之外，還有多位穿著韓國傳統服飾的人物，成為它的一大特色。下次來到這裡，記得繞一圈找看看！

這個角度拍也很美！

桂山聖堂地面上有一些貼心的最佳拍照點提示，可以輕鬆找到最棒的拍攝角度。從聖堂後方停車場走去，還有一座現任神父宿舍，站在宿舍前方朝聖堂方向拍照，可以同時捕捉到桂山聖堂與青蘿坡上的第一教會，或是借位將第一教會放入手掌中。

（地圖標示）
- OLIVE YOUNG
- SPAO
- Egg Drop 에그드랍
- 中央辣炒年糕 중앙떡볶이
- ALAND
- SPARK LAND 스파크랜드
- 東城路 SPARK 스파크
- Fun it 夜光保齡球 Fun it 락볼링
- HAY
- OLIVE YOUNG
- PIGMENT 피그먼트
- BEBECO 동성로점
- WHO.A.U
- OOM STUDIO
- INDIBRAND 인디브랜드
- INDIBRAND 인디브랜드
- ⑮ Pain Pan Pao 팡팡팡
- SPAO
- ⑬
- ⓢ本座紫菜飯捲 본죄김밥
- 泰山餃子 태산만두
- ⑭ Le Pouldu 르뽈뒤
- ⑯ butter roll pain france 뻐다롤빵프랑스

⑦ 咖啡名家 半月堂CAMP by店
커피명가 캠프바이커피명가

🚇地鐵1、2號線半月堂站18號出口，出站後步行約8分鐘。🏠대구 중구 서성로 20 매일신문사 사옥 1층 ☎053-422-0892 🕐8:00~21:00 💲咖啡₩4,800起 🌐www.myungga.com

「咖啡名家」是間連鎖咖啡廳，這間半月堂CAMP by分店就位於知名景點桂山聖堂旁。**每當春天櫻花盛開時，可以從窗邊捕捉到櫻花與教堂同框的美景**，店內的甜點也不容錯過，像是季節性的草莓蛋糕，或是巧克力蛋糕都是首選。靠窗座位是最熱門的位置，在這裡悠閒喝杯咖啡，順便欣賞眼前的桂山聖堂吧！

大明站
安吉郎站
前山
延伸行程
半月堂站
中央路站
七星市場站
東大邱站
峨洋橋站
八公山
延伸行程

半月堂站
반월당역 / Banwoldang

> 順著階梯往上爬就是青蘿坡

⑧ 3.1運動路

3.1운동계단

🚇 地鐵1、2號線半月堂站18號出口，出站後步行約9分鐘。 ⛳ 대구 중구 동산동 🕐 24小時 💰 免費

　位在桂山聖堂對面的**3.1運動路**，總共有**90個階梯**，是當時在準備3.1萬歲運動的學生們，為了躲避日軍監視，而通行於林間的一條階梯小路，非常具有歷史意義。因為韓劇《金秘書為何那樣》在此取景，也讓它成為為劇迷必訪的景點之一。

⑨ 第一教會

대구제일교회

> 哥德式建築非常宏偉

🚇 地鐵1、2號線半月堂站18號出口，出站後步行約12分鐘。 ⛳ 대구 중구 국채보상로 102길 50 📞 053-253-2615 🌐 www.firstch.org

　1993年時，大邱第一教會利用信徒的捐款，以及中央教會的愛心款，建立了結合韓國傳統與西方樣式的新教堂，也就是現在位於青蘿坡上的宏偉白色建築。**過去使用了100多年的舊第一教會隨之退休，由這棟哥德式磚砌建築取代。**

ECC COFFEE 이씨씨커피

急行1號公車站牌 (往市區)

大邱近代歷史館 대구 근대역사관

QK bakery 큐케이베이커리

急行1號公車站牌 (往八公山)

大邱藥令市韓醫藥博物館 대구 약령시 한의약박물관

舊第一教會／大邱基督教歷史博物館 제일교회/대구기독교역사관

藥廛 약전

咖啡名家CAMP by咖啡名家 커피명가캠프바이커피명가

第一教會 제일교회 ⑨

② ③

星巴... 大邱... 스타... 고택...

慶北書院 교남YMCA

⑩ 青蘿坡 청라언덕

⑧ 3.1運動路 3.1운동계단

④ 嶺南大路 영남대로 과거길

⑫ 巨松燉排骨 거송갈비찜

⑥

⑤ 李相和古宅 이상화 고택

徐相敦古宅 서상돈고택

地鐵2號線

半月堂炸雞 반월당닭강정

半月堂地下街 반월당 지하상가 ① ⑱ ⑰ ⑲ ⑳

桂山聖堂 대구계산동성당

⑪ 有昌飯店 유창반점

⑩ 青蘿坡
청라언덕

見證大邱歷史的美麗建築群

傳教士Switzer住宅結合彩繪玻璃、紅磚和韓屋屋頂

懷舊風情

🚇地鐵1、2號線半月堂站18號出口，出站後步行約10分鐘。 🏠대구 중구 달구벌대로 2029

青蘿坡原意為爬滿藤蔓的山丘，是大邱基督教發展之地，除了保留19世紀末到此定居的三位美國傳教士住宅之外，這裡還有大邱第一顆蘋果樹、鐘塔、東山醫院前身的「濟眾院」。其中，傳教士Switzer住宅為東西合併式建築，紅磚牆、韓屋屋頂配上西式彩繪玻璃，非常有特色。

美麗的傳教士住宅吸引韓劇前來取景，像是《愛情雨》中女主角住院的場景，就是在傳教士Chamness住宅拍攝的。另外還能看到大邱東山醫院舊大樓的入口，當初因為興建地鐵3號線，而將昔日的門廊遷移到了青蘿坡。

大邱東山醫院舊大樓入口

大明站
安吉郎站
前山 ── 延伸行程
半月堂站
中央路站
七星市場站
東大邱站
峨洋橋站
八公山 ── 延伸行程

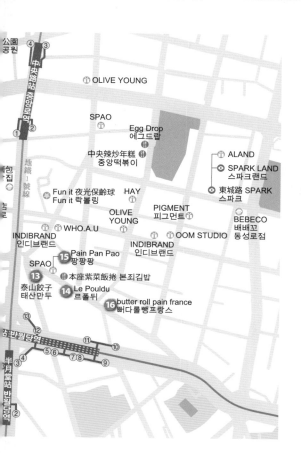

公園 공원
④ ③ 中央路站 청라언덕로
🅞 OLIVE YOUNG
SPAO
① Egg Drop 에그드랍
中央辣炒年糕 중앙떡볶이
🅞 ALAND
🅞 SPARK LAND 스파크랜드
地鐵1號線
Fun it 夜光保齡球 Fun it 락볼링
HAY
東城路 SPARK 스파크
OLIVE YOUNG
PIGMENT 피그먼트
BEBECO 배배꼬 동성로점
🅞 WHO.A.U
🅞 OOM STUDIO
INDIBRAND 인디브랜드
INDIBRAND 인디브랜드
⑮ Pain Pan Pao 팡팡팡
SPAO
⑬ 🅐 本座紫菜飯捲 본죄김밥
泰山餃子 태산만두
⑭ Le Pouldu 르풀두
⑯ butter roll pain france 뻐다롤뺑프랑스
半月堂站 반월당역

中華拌飯獲得不少部落客的推薦

⑪ 有昌飯店
유창반점

🚇地鐵1、2號線半月堂站19號出口徒步約6分 🏠대구 중구 명륜로 20 ☎053-254-7297 🕐11:00～19:30 💲炸醬麵(짜장면)₩6,000、糖醋肉(탕수육)小份₩20,000、炒碼麵(짬뽕)₩8,500

有昌飯店起始於1977年，是大邱知名人氣中餐廳，即使隱身在迷宮般的巷弄內，依然不減饕客們想吃美食的心。除了老闆自行推薦的招牌炒碼麵(짬뽕맛집)，中華拌飯(중화비빔밥)也頗有人氣。拌飯裡面有大量肉絲、洋蔥、辛奇、木耳、紅蘿蔔、蝦仁，飯上還蓋有一個半熟荷包蛋，搭配特製的辣醬，對於嗜辣的人來説非常過癮，如無法吃辣的人不妨點炸醬麵(짜장면)。

半月堂站
반월당역 / Banwoldang

大明站
安吉郎站
前山 延伸行程
半月堂站
中央路站
七星市場站 東大邱站
峨洋橋站
八公山 延伸行程

⑫ 巨松燉排骨
거송갈비찜

🚇地鐵1、2號線半月堂站18號出口，出站後步行約3分鐘。 🏠대구 중구 남성로 40 ☎053-424-3335 🕐11:00 ~ 16:00、17:00~21:00 💲燉牛肉排骨（2人份）₩40,000、燉豬肉排骨（2人份）₩26,000

> 旅遊大邱必吃美味店家！

> 吃貨力推

來這裡必點的就是招牌燉排骨了，**充滿蒜味的醬汁是受歡迎的關鍵，燉排骨口味鹹度適中，店家也提供不辣到超辣五種辣度**。燉排骨還加入調理健康的中藥材，肉燉到能輕易與骨頭分離。店內的水、小菜、紫蘇葉、白飯採自助式，另外汽水、熱茶也是免費供應，保證吃得超滿足！

> 超開胃的醬汁讓你狂扒飯欲罷不能

⑬ 泰山餃子
태산만두

🚇地鐵1、2號線半月堂站13號出口，出站後步行約2分鐘。 🏠대구 중구 달구벌대로 2109-32 ☎053-424-0449 🕐11:00~21:00，週一公休。 💲煎餃、蒸餃各₩8,000，海鮮拉麵₩7,000。

> 煎炸過的餃子大粒飽滿、外香內軟

泰山餃子是當地知名老店，打從1972年開始營業至今，在大邱有多家分店，這家是本店。店內餃子種類選擇眾多，**最有人氣的招牌是辣醬蔬菜拌餃子（비빔만두），糖醋餃子（탕수만두）也是韓國人的心頭好**，當地人會點一份餃子搭配一份辣拌麵（쫄면），好好吃個過癮。

ECC COFFEE 이씨씨커피
急行1號公車站牌（往市區）
大邱近代歷史館 대구 근대역사관
QK bakery 큐케이베이커리
急行1號公車站牌（往八公山）
大邱藥令市韓醫藥博物館 대구 약령시 한의약박물관
舊第一教會／大邱基督教歷史博物館 제일교회/대구기독교역사관
藥廛 약전
第一教會 제일교회 ⑨
咖啡名家CAMP by咖啡名家 커피명가 캠프바이커피명가 ② ③
星巴 大邱 스타 고택
慶北書院 교남YMCA
④
青蘿坡 청라언덕 ⑩
3.1運動路 3.1운동계단 ⑧
李相和古宅 이상화 고택 ⑥
⑤
嶺南大路 영남대로 과거길
巨松燉排骨 거송갈비찜 ⑫
徐相敦古宅 서상돈고택
半月堂炸雞 반월당닭강정
地鐵2號線
桂山聖堂 대구계산동성당
半月堂地下街 반월당 지하상가 ① 18 17 19 20
⑪ 有昌飯店 유창반점

2樓座位區
伴隨大量光線和
豐富綠意

14 Le Pouldu
르풀뒤

🚇地鐵1、2號線半月堂站11號出口，出站後步行約3分鐘。🏠大邱 中區 東城路1街 26 ☎053-426-3006 ⏰10:00 ~22:30 💲咖啡₩3,500起、牛角麵包₩3,500 📷www.instagram.com/lepouldu_

擁有一道可愛的藍色大門，窗邊裝飾著美麗的盆栽與綠意盎然的植物，Le Pouldu一眼就抓住眾人目光。1樓的麵包坊讓人光看就食指大動，**琳琅滿目的麵包中最有名的是牛角麵包，提供抹茶、巧克力、奶油等多種口味**，草莓鮮奶油麵包也很受歡迎，五顏六色的水果派也非常吸睛。

15 Pain Pan Pao
팡팡팡

🚇地鐵1、2號線半月堂站13號出口，出站後步行約3分鐘。🏠大邱 中區 東城路1街 15 유니온스퀘어 2층 ☎053-252-2025 ⏰10:00 ~23:00 💲咖啡₩5,800起、茶₩5,500起 📷www.instagram.com/painpanpao

位於2樓，以「**麵包**」為名的**Pain Pan Pao**，好幾個櫃子展示著各式各樣的麵包和甜點，從夾著火腿與蔬菜的可頌、各種口味的馬卡龍，到點綴著鮮奶油的切片蛋糕和水果塔，這裡也提供沙拉、義大利麵和歐姆蛋等食物。座位選擇也非常多樣，配備投影設備的迷你劇院階梯座位、位於露台採光充足的帳篷露營區、甚高掛紅色水晶吊燈的宴會包廂……也難怪成為當地的人氣咖啡廳。

感受城市露營的樂趣

各色麵包看來都很誘人

16 butter roll pain france
뻐다롤빵프랑스

🚇地鐵1、2號線半月堂站10號出口，出站後步行約2分鐘。🏠大邱 中區 東城路1街 41 ☎053-424-2025 ⏰9:00 ~22:00 💲咖啡₩3,000起、茶₩2,500起

位在半月堂東城路鬧區，**店內最有人氣的麵包商品，就是同時滿足視覺和味覺的爆漿草莓吐司和大蒜奶油法國麵包**，內用時店員會幫忙將麵包剪開以方便食用。其他麵包也很美味，出爐時間為10:00~11:00，喜歡熱騰騰滋味的人別錯過。

公園
공원

OLIVE YOUNG

SPAO

Egg Drop
에그드랍

中央辣炒年糕
중앙떡볶이

ALAND

SPARK LAND
스파크랜드

東城路 SPARK
스파크

Fun it 夜光保齡球
Fun it 락볼링

HAY

PIGMENT
피그먼트

OLIVE YOUNG

BEBECO
배배꼬
동성로점

WHO.A.U

OOM STUDIO

INDIBRAND
인디브랜드

INDIBRAND
인디브랜드

Pain Pan Pao
팡팡팡

SPAO

本座紫菜飯捲 본죄김밥

泰山餃子
태산만두

Le Pouldu
르풀뒤

butter roll pain france
뻐다롤빵프랑스

中央路站
중앙로역

地鐵1號線

半月堂站
반월당역

大明站 安吉郎站 前山 延伸行程 半月堂站 中央路站 七星市場站 東大邱站 峨洋橋站 八公山 延伸行程

大明站

安吉郎站

前山 — 延伸行程

半月堂站

中央路站

七星市場站 — 東大邱站

峨洋橋站

八公山 — 延伸行程

中央路站
중앙로역 / Jungangno

① 藥廛
약전식당

🚇地鐵1號線中央路站1號出口，出站後步行約7分鐘。 🏠大邱 中區 중앙대로77길 50-3 ☎053-252-9684 🕐12:00~14:00、17:00~21:00 💰海鞘定食₩15,000

> 在古樸環境中享用韓定食

> 懷舊氛圍

藥廛絕對是隱藏在巷弄裡的在地美食！外觀相當低調，要不是有招牌實在很像一般住家。藥廛的意思是「藥舖」，因鄰近藥令市而取名。大型傳統藥櫃以及古樸的裝潢，加上店員一席韓服裝扮，彷彿穿越回韓國古代。**這邊只供應一種韓定食——海鞘定食**（멍게정식），調味後的海鞘，加上蔥末、紫菜，加入石鍋拌飯，相當鮮甜好吃，搭配7樣小菜、烤魚、熱湯，吃得飽足又道地。

> 進入店內前會先經過有醬缸的庭院

> 海鞘定食是店內招牌也是唯一選擇

② 星巴克 大邱中央路老宅店
스타벅스대구종로고택점

🚇地鐵1號線中央路站1號出口，出站後步行約5分鐘。 🏠大邱 중구 중앙대로77길 22 ☎1522-3232 🕐8:00~22:00 💰美式咖啡 ₩4,500、桃子茶₩5,900 🌐www.starbucks.co.kr

台灣的星巴克有特定幾間走當地特別建築設計風格，而韓國大邱中央路這間星巴克，不但非常大，還走**韓屋老宅風**，有偌大的露天座位和室內空間，非常值得感受一下在韓屋中享用台灣人也熟知的咖啡味道。

> 庭園裡的露天座位別有風情

> 室內植栽造景非常優雅

Factory 09
북성로공구빵
⑩

香村洞手工鞋中心
향촌수제화센터
⑪

⑫

ECC COFFEE
이씨씨커피 ⑬

慶尚監營公園
경상감영공원

大邱近代歷史館
대구근대역사관 ⑭

急行1號公車站牌
（往市區）

QK bakery
큐케이베이커리 ⑮

急行1號公車站牌
（往八公山）

咖啡名家CAMP by咖啡名家
커피명가캠프바이커피명가

舊第一教會／大邱基督教歷史博物館
제일교회/대구기독교역사관

大邱藥令市韓醫藥博物館
대구 약령시 한의약물관

三松
삼송

藥廛 ①
약전

星巴克 ②
大邱中央路老宅
스타벅스대구
고택점

桂山聖堂
대구계산동성당

慶北書院
교남YMCA

嶺南大路
영남대로 과거길

李相和古宅
이상화 고택

徐相敦古宅
서상돈고택

巨松燉排骨
거송갈비찜

2F的韓國潮牌選品店ALAND

位於高樓的室外遊樂設施比平地感覺更刺激

❸ 三松麵包 本店
삼송빵집

讓人一吃上癮的菠蘿麵包

麻藥麵包

🚇地鐵1號線中央路站1號出口，出站後步行約3分鐘。 📍大邱 中區 中央大路 397 ☎053-254-4064 🕐1F麵店8:00~22:00、2F用餐區9:00~21:00，售完提前結束。 💲麻藥玉米麵包₩2,200 🌐www.ssbnc.kr

　超過60年家傳歷史的三松麵包，是大邱老字號的人氣麵包店，在韓國各地擁有多家分店，這間位於中央路的正是本店。**招牌是麻藥玉米麵包（통옥수수빵）、不會很甜的菠蘿麵包奶酥表皮**，包覆著玉米內餡，每一口都吃得到玉米粒，香醇濃郁而不膩，難怪人氣之高，菠蘿紅豆麵包（소보로팥빵1,800）也很受到歡迎！

❹ 東城路SPARK
동성로 스파크

🚇地鐵1號線中央路站2號出口，出站後步行約10分鐘。 📍大邱 中區 동성로6길 61 🕐餐廳和服飾店約在11:00~23:00之間，視店家而異。SPARK LAND週一～週四12:00~22:00、週五12:00~23:00、週六11:30~23:00、週日11:30~22:00。 💲餐廳和服飾店視店家而異。SPARK LAND單項設施₩4,000~₩9,000、Big3(3種設施玩到飽)₩13,000、全設施通票₩25,000，另有與室內遊樂場的套票。 🌐d-spark.kr

　東城路SPARK是韓國第一間以遊樂為主題的大型購物中心，除餐廳、平價服飾店與潮牌外，5~6的室內遊樂場(Blue Zone)有溜冰場、保齡球館、極限運動、射擊、棒球等設施，**最知名的是7~9F的室外遊樂園SPARK LAND**，包括天空鞦韆、自由落體等7項遊樂設施，當中摩天輪可說是東城路的地標，入夜後更成為約會名所。不妨下午時分前來，逛完街後順便去遊樂園玩。

麻藥玉米麵包不吃可是會後悔的

草莓牛奶口味的甜甜圈

城烤肉 성불고기
🍴 T.morning 티모닝
9 地鐵1號線
地鐵1號線中央站West
🍴 burgundy 버건디 7
🍴 OLIVE YOUNG
🛍 SPAO
Egg Drop 에그드랍
中央辣炒年糕 중앙떡볶이 6
ALAND
SPARK LAND 스파크랜드
東城路 SPARK 스파크 ❹
🍴 Fun it 夜光保齡球 Fun it 락볼링
HAY
OLIVE YOUNG
PIGMENT 피그먼트
BEBECO 배배꼬 동성로점 ❺
🍴 WHO.A.U
IBRAND 디브랜드
🍴 OOM STUDIO
INDIBRAND 인디브랜드
🍴 Pain Pan Pao 팡팡팡
SPAO
🍴 本座紫菜飯捲 본죄김밥

❺ BEBECO
배배꼬 동성로점

🚇地鐵1號線中央路站2號出口，出站後步行約11分鐘。 📍大邱 中區 동성로6길 76 ☎0507-877-3487 🕐10:00~22:00，週一公休。 💲牛奶甜甜圈₩3,800 🌐www.instagram.com/bebeco_official

　在烤得鬆軟的圓形甜甜圈撒上糖粉，擠入滑順飽滿的奶油內餡，是近年韓國越來越受歡迎的甜點，也是在大邱不能錯過的人氣伴手禮。口味多樣，有水果甜香的哈密瓜、香蕉、草莓牛奶等，也有伯爵茶、抹茶等茶控必點，當然像是牛奶、花生、巧克力、榛果可可等定番口味是一定有的。

左側側欄（由上至下）：
大明站｜安吉郎站｜前山（延伸行程）｜半月堂站｜中央路站｜七星市場站｜東大邱站｜峨洋橋站｜八公山（延伸行程）

中央路站
중앙로역 / Jungangno

在老店品嚐火烤肉別有滋味

⑥ 中央辣炒年糕
중앙떡볶이

🚇地鐵1號線中央路站2號出口，出站後步行約6分鐘。 대구 중구 동성로2길 81 1층 ☎053-424-7692 ⏰11:30~18:00，週日公休。 💲辣炒年糕₩4,500、餃子₩4,500、血腸₩4,500 🌐www.instagram.com/psk1670

美食家認證的國民小吃

在地美食

　自1979年開業至今，中央辣炒年糕全國僅此一家，絕無分店！好吃的程度連韓國美食指標王白種元也認證，還曾來此錄製節目。**店內販賣的大多是韓國小吃，像辣炒年糕、血腸、飯捲，還有大邱著名的扁餃子**，並且提供建議吃法：把辣炒年糕的醬汁淋在白飯上微波2分鐘，或是店內紫菜飯捲沾年糕醬汁吃也很好吃！

紅通通的醬汁讓人食指大動

⑦ burgundy
버건디

🚇地鐵1號線中央路站3號出口，出站後步行約8分鐘。 📍대구 중구 교동3길 27 ⏰12:00~21:00，週二公休。 💲各色蛋糕₩6,500起 🌐instagram.com/cafe.burgundy

　隱藏在靜謐小巷內的手工烘培複合咖啡廳，由一位年輕的韓國女生經營，飲品烘培一人包辦。店內供應有飲品及甜點，咖啡部分有美式、拿鐵、香草拿鐵及維也納咖啡，無咖啡因飲品則有檸檬茶跟奶茶，夏天還會推出清涼的水果類飲品或氣泡飲。

甜點每天供應品項不定

⑧ 漢城烤肉
한성불고기

🚇地鐵1號線中央路站4號出口，出站後步行約4分鐘。 📍대구 중구 북성로 104-10 ☎053-252-6984 ⏰12:30~23:30 💲有骨炭烤豬排(小)₩20,000、辣烤魷魚(小)₩20,000

　這家40年傳統炭火烤肉專門店，因為營業時間早又好吃，廣受韓國人喜愛。**招牌烤肉有骨炭烤豬排（돼지석쇠갈비），就很合台灣人口味，甜鹹度剛好也不過辣，帶有淡淡的炭烤香味**，另外噴香嗆辣的辣烤魷魚（오징어불고기）更是最佳的下酒菜，濃重的調味讓人又多扒幾碗飯。其他還有辣椒醬烤肉（고추장불고기）和烤鰻魚（장어구이）等選擇。

地圖標示：Factory 09 북성로공구빵、⑩香村洞手工鞋中心 향촌수제화센터 ⑪、ECC COFFEE 이씨씨커피 ⑬、慶尚監 경상감、急行1號公車站牌（往市區）、大邱近代歷史館 대구근대역사관 ⑭、QK bakery 큐케이베이커리 ⑮、急行1號公車站牌（往八公山）、咖啡名家CAMP by咖啡名家 커피명가캠프바이커피명가、舊第一教會／大邱基督教歷史博物館 제일교회/대구기독교역사관、大邱藥令市韓醫藥博物館 대구 약령시 한의약박물관、①藥廳 약전、桂山聖堂 대구계산동성당、李相和古宅 이상화 고택、徐相敦古宅 서상돈 고택、慶北書院 교남YMCA、嶺南大路 영남대로 과거길、巨松燉排骨 거송갈비찜、星大스고

150

⑨ 香村文化館
향촌문화관

🚇 地鐵1號線中央路站4號出口，出站後步行約3分鐘。 🏠 대구 중구 중앙대로 449 ☎ 053-219-4555 🕐 4~10月9:00~19:00、11~3月9:00~18:00，週一、元旦公休 💰 成人₩1,000、青少年與長者₩500 🌐 www.yangchon.or.kr

覺得逛博物館很乏味的人，香村文化館將會顛覆你的印象！在這裡可以用不到台幣50元的門票價格，換上學生服、警察裝或韓服，體驗1950、60年代的韓國庶民生活，從那個年代的公車、復古的西服店，到古早味的攤販食堂，館內1、2樓栩栩如生的場景布置，相當好拍。如果想要更了解韓國歷史，3樓則有許多史料紀錄可以參觀。

換上復古服拍張與眾不同的照片

地圖標示：
⑧ 漢城烤肉 한성불고기
⑨ 村文化館 촌문화관
🍴 T.morning 티모닝
地鐵1號線
中央路站 중앙로역
⑦ burgundy 버건디
🛍 OLIVE YOUNG
🛍 SPAO
Egg Drop 에그드랍
中央辣炒年糕 ⑥ 중앙떡볶이
ALAND 🛍
SPARK LAND 스파크랜드
東城路 SPARK ④ 스파크
🍴 HAY
Fun it 夜光保齡球 Fun it 락볼링
PIGMENT 피그먼트
OLIVE YOUNG
BEBECO ⑤ 배배꼬 동성로점
🛍 WHO.A.U
OOM STUDIO 🛍
🛍 INDIBRAND 인디브랜드
INDIBRAND 인디브랜드
🍞 麵包店 빵집
宅店 종로
Pain Pan Pao 팡팡팡
🛍 SPAO
本座紫菜飯捲 본최김밥

工具形狀的瑪德蓮蛋糕非常有創意

⑩ Factory 09
북성로공구빵

🚇 地鐵1號線中央路站4號出口，出站後步行約5分鐘。 🏠 대구 중구 서성로14길 79 🏠 북성로공구빵 🕐 12:00~19:30 💰 工具瑪德蓮三入組₩4,500 🌐 www.instagram.com/factory09

過去北城路一帶曾經是大邱最繁華的地區之一，這裡的工具街也是軍需用品大型製造工廠，隨著商圈轉移，也許工具街的歷史已不復眾人記憶，但這家麵包店就結合了這樣的背景，**和北城路僅存的一間金屬鑄造廠合作，製作出螺絲起子、把手等三款維妙維肖的工具形狀瑪德蓮蛋糕**，沒有多餘的調味，就是很樸實的口感，在充滿工具擺飾的店內，越嚼越香。

大明站

安吉郎站

前山 — 延伸行程

半月堂站

中央路站

七星市場站

東大邱站

峨洋橋站

八公山 — 延伸行程

中央路站
중앙로역 / Jungangno

⑪ 香村洞手工鞋街

향촌수제화골목

📍地鐵1號線中央路站4號出口，出站後步行約5分鐘。 🏠香村洞手工鞋中心：대구 중구 서성로14길 ☎香村洞手工鞋中心：053-219-4558 🕐香村洞手工鞋中心：10:00~18:00，週一、元旦、農曆新年、中秋節公休。 💲免費 🌐www.jung.daegu.kr/new/culture/pages/culture/page.html?mc=1864

　現在非常繁華的東城路商圈周邊，有許多早期知名的商街，如北城路工具街、香村洞手工鞋街等。**目前香村洞手工鞋街從1970年代開始，由一間間手工鞋鋪進駐**，依然有許多手工鞋相關業者匯集。有興趣的話，可以前往香村手工鞋中心（향촌수제화센터）欣賞設計公募展獲獎的手工鞋作品，以及相關歷史介紹。

⑫ 慶尚監營公園

경상감영공원

📍地鐵1號線中央路站4號出口，出站後步行約5分鐘。 🏠대구 중구 경상감영길 99 ☎053-254-9404 💲免費

　位於市中心的慶尚監營公園，腹地不大卻也五臟俱全，西元1601年時曾是慶尚監營所在地，近代1910~1965年曾被用為慶尚北道廳舍，爾後廳舍遷移到別處，1970年則將此地規劃為中央公園，並**改造設置有大邱歷史文化遺產，是有小橋流水又有歷史建築的清幽公園**。

Factory 09
북성로공구빵 ⑩

香村洞手工鞋中心 ⑪
향촌 수제화 센터

ECC COFFEE ⑬
이씨씨커피

⑫ 慶尚監營公園
경상감영공원

急行1號公車站牌
（往市區）

大邱近代歷史館 ⑭
대구 근대역사관

QK bakery ⑮
큐케이베이커리

急行1號公車站牌
（往八公山）

咖啡名家CAMP by咖啡名家
커피명가 캠프 바이 커피명가

舊第一教會／大邱基督教歷史博物館
제일교회/대구 기독교역사관

大邱藥令市韓醫藥博物館
대구 약령시 한의약박물관

① 藥廛
약전

② 星巴克
大邱中央
스타벅스
고택점

桂山聖堂
대구 계산동성당

慶北書院
교남YMCA

嶺南大路 過舉街
영남대로 과거길

李相和古宅
이상화 고택

徐相敦古宅
서상돈 고택

巨松燉排骨
거송갈비찜

見證歷史的建築
成為文化遺產

文藝復興式建築
散發出古典氣息

大明站

安吉郎站

前山 延伸行程

半月堂站

中央路站

七星市場站

東大邱站

峨洋橋站

地圖區域（地鐵1號線）：
漢城烤肉 한성불고기
T.morning 티모닝
化館 화관 ⑨
地鐵1號線
中央路站 중앙로역
burgundy 버건디 ⑦
OLIVE YOUNG
SPAO 스파오
Egg Drop 에그드랍
中央辣炒年糕 중앙떡볶이 ⑥
ALAND
SPARK LAND 스파크랜드
東城路 SPARK 스파크 ④
Fun it 夜光保齡球 Fun it 락볼링
HAY
OLIVE YOUNG
PIGMENT 피그먼트
BEBECO 베배꼬 동성로점 ⑤
WHO.A.U
NDIBRAND 인디브랜드
OOM STUDIO
INDIBRAND 인디브랜드
Pain Pan Pao 팡팡팡
SPAO
本座紫菜飯捲 본죄김밥

⑭ 大邱近代歷史館
대구근대역사관

🚇地鐵1號線中央路站4號出口，出站後步行約5分鐘。 🏠大구 중구 경상감영길 67 ☎053-606-6430 ⏰9:00~18:00，週一、元旦公休。 💲免費 🌐daeguartcenter.or.kr/dmhm

潔白的文藝復興式建築興建於1932年，**前身是舊朝鮮時期韓國產業銀行大邱分行，現則規劃為大邱近代歷史館**，也被列為文化遺產，內部展示大邱19世紀後期至20世紀初的生活、風俗、教育、文化等收藏。除了相關的展示品之外，館內角落還有保留舊朝鮮時期銀行的紅磚瓦柱子，非常具有歷史意義。

小小的招牌很容易讓人忽略

⑬ ECC COFFEE
이씨씨커피

🚇地鐵1號線中央路站4號出口，出站後步行約5分鐘。 🏠대구 중구 종로 72 ⏰8:00~21:00 💲咖啡₩3,000起 🌐www.instagram.com/ecc.coffee

大邱近代歷史館周邊也許是因為充滿文藝歷史氛圍，散落著許多咖啡廳，這家ECC COFFEE老宅和**大樹下的露天座位相當愜意**，店內也有非常多的植栽和復古的擺設物件，充滿古典慵懶的氣息。櫃檯前除了櫥窗上的飲料菜單，還有展示在檯前的麵包模型們，超級逗趣。

老宅與大樹給人悠閒的感覺

⑮ QK bakery
큐케이베이커리

🚇地鐵1號線中央路站4號出口，出站後步行約5分鐘。 🏠대구 중구 경상감영길 56 ☎0507-1349-4496 ⏰8:30~20:00 💲季節水果酥皮派₩4,000 🌐www.instagram.com/qk___official

位於大邱近代歷史館周邊，這間咖啡廳走純白系風格，有麵包櫃和蛋糕櫃，**販售季節水果酥皮派**（계절 페스츄리）、肉桂捲、可頌、費南雪等麵包，也有精緻的水果塔、瑞士捲、切片蛋糕，遊覽大邱歷史散策的途中很推薦到此休憩。

七星市場站
칠성시장역 / Chilseong Market

烤肉帶著炭火的焦香

①七星市場

칠성시장

🚇地鐵1號線七星市場站1號出口，出站後步行約1分鐘。 ⓐ大邱北區 칠성시장로 28 ☎053-423-3480 ◐視店家而異

歷史超過40年，七星市場如今發展成一個橫跨6個商街的大型市場，裡頭聚集著大量獨特且專門的商家，除海鮮、肉類和蔬果之外，還擴及二手家電、玩具、園藝等範圍，可說是囊括生活所需的方方面面。其中特別是蔬果市場，超過80家店舖入駐。

比起名氣響亮的西門市場這裡相對遊客較少

②常客食堂

단골식당

🚇地鐵1號線七星市場站2號出口，出站後步行約3分鐘。 ⓐ大邱 북구 칠성시장로7길 9-1 ☎0507-1320-8349 ◐9:00~20:10，週三公休。 💲醬油烤肉₩7,000、辣椒醬烤肉₩8,000、白飯₩1,000

這間位於七星市場範圍內的店家，雖然外觀不起眼，烤肉卻非常美味。**菜單只有醬油烤肉（간장불고기）和辣椒醬烤肉（고추장불고기）兩種**，白飯需要另外單點，烤肉以大圓盤盛裝，上面放著辛奇、蒜頭、紫蘇葉、蝦醬、醬油等配料和湯，料理簡單卻滋味滿分。

大明站
安吉郎站
前山 — 延伸行程
半月堂站
中央路站
七星市場站
東大邱站
峨洋橋站

七星市場
칠성시장
①

星空想像七星夜市
별별상상칠성야시장
④

七星市場站 칠성시장역

常客食堂
단골식당
②

② ③

七星市場文具玩具街
칠성시장 문구 완구 골목

樂榮燉排骨(別館)
낙영찜가비

樂榮燉排骨(本店)
낙영찜가비
③

> 砂糖中和辣味
> 吃起來更順口

> 位於河畔感覺分
> 外悠閒

③ 樂榮燉排骨

낙영찜가비

> 飄香半世紀的
> 燉排骨名店

> 道地美食

📍地鐵1號線七星市場站2號出口，出站後步行約3分鐘。 🏠대구 중구 동덕로36길 9-17 ☎053-423-3300 🕐10:00~21:00 💲燉排骨₩22,000、韓牛燉排骨₩30,000 🌐www.daegufood.go.kr/kor/food/food2.asp?idx=264&gotoPage=6&snm=75&ta=5

位於東仁洞燉排骨街上的樂榮燉排骨，是這條街**上最有名氣的店家**，從1974年的小店面開始，到現在已經擴展成整棟三層樓。樂榮排骨提供兩種牛肉選擇：稍便宜的外國牛肉以及韓牛，如果預算許可，推薦點韓牛燉排骨，口感上更軟嫩也更香甜。燉排骨加入辣椒粉、蒜頭及砂糖悶煮燉熟，因為砂糖減緩了排骨的辣味，吃起來更溫和好入口。

④ 星空想像七星夜市

별별상상칠성야시장

> 平日也營業的
> 小型夜市

> 河畔夜市

📍地鐵1號線七星市場站4號出口，出站後步行約9分鐘。 🏠대구 북구 칠성시장로 28 ☎053-621-1985 🕐週一、四、日18:00~22:30，週五、六18:00~23:00，週二、三公休。 🌐7starnm.com

利用昔日市場的公用停車場空間，七星市場在2019年時推出了自己的夜市，疫情期間一度關閉，2023年3月再度重新開放。雖然攤位不算太多，**不過平日也營業，有著特別的燈光設計和規劃得宜的帳篷座位區**，可以嚐到烤腸、烤肉、炸雞、烤雞皮、炒魷魚、牛排等，也有果汁攤，找個微風徐徐的夜晚前來吧！

東大邱
동대구역 / Dongdaegu

> 滿滿鮮奶油和紅豆餡

① 大邱近代胡同紅豆麵包
대구근대골목단팥빵

> 必吃爆漿和鮮奶油紅豆麵包

> 必買伴手

🚇地鐵1號線東大邱站3號出口，出站後步行約3分鐘。 🏠대구 동구 동대구로 550 3층 ☎053-716-1883 🕐6:00 ~ 22:00 💲鮮奶油紅豆麵包／抹茶鮮奶油紅豆麵包₩3,800、奶油起司麵包₩3,000 🌐www.daegubbang.co.kr

　　大邱近代胡同紅豆麵包可說是「麵包匠人」帶起的奶油紅豆包中的後起之秀，近幾年很受到韓國年輕人的喜愛，他們**強調的是天然原料、天然發酵以及100%店內自製的紅豆內餡**，除了受歡迎的爆漿紅豆包（단팥빵），店內的鮮奶油紅豆麵包（생크림단팥빵）和抹茶鮮奶油紅豆麵包（녹차 생크림단팥빵），也是人氣商品。

② 新世界百貨
신세계백화점

🚇地鐵1號線東大邱站2號出口，出站後步行約3分鐘。 🏠대구 동구 동부로 149 ☎1588-1234 🕐週一~四10:30~20:00、週五~日10:30~20:30，特定日期公休。 🌐www.shinsegae.com/store/main.do?storeCd=SC00013

　　與東大邱火車站緊鄰的新世界百貨，結合東大邱複合轉乘中心，開幕於2016年，是大邱規模最大的百貨公司。高達9層，百貨內進駐多間知名海內外品牌，還有電影院、ALIVE愛來水族館、ZOORAJI侏羅紀主題公園等，以及憑消費發票就能免費遊玩的兒童遊戲專區，如果有帶小朋友來大邱的話，很推薦到這裡逛逛。位於8樓的餐廳區布置得很有氣氛，讓人有種置身異國街道的感覺。

> 還有不少兒童遊樂設施

大明站
安吉郎站
前山 延伸行程
半月堂站
中央路站
七星市場站
東大邱站
峨洋橋站

除了水中生物還能看見草原動物

多樣表演與活動讓參觀更有趣

ALIVE愛來水族館 얼라이브 아쿠아리움 대구점

⌂ 新世界百貨9樓　☎ 053-247-8899　⏱ 週一~四10:30~20:00、週五~日和國定假日10:30~20:30　⑤ 成人₩29,000、青少年₩27,000，依票種不同，上網購票可享14~33%優惠。　🌐 www.daeguaqua.com

ALIVE愛來水族館位於新世界百貨9樓，是親子旅遊的最佳去處之一。**水族館動線規劃良好，各個時段規劃有不同表演內容，大人小孩都能開心同樂。**就算一個人來，也能感受水族館內獨特的氛圍，看著水中生物自在悠遊，感覺超療癒。水族館中還有許多草原小動物以及禽鳥類區，並且設置多處小朋友可以直接與小白兔、大烏龜接觸的專區，也有餵食魚等活動。逛完水族館後，再到禮品店選購紀念品，這裡的動物玩偶每個都超可愛！

急行1號公車站牌（往市區）

急行1號公車站牌（往八公山）

秀亨堂 수형당

大邱近代胡同紅豆麵包 대구근대골목단팥빵

東大邱火車站 동대구역

新世界百貨 신세계백화점

東大邱客運站 동대구터미널

ALIVE愛來水族館 얼라이브아쿠아리움

Kakao Friends 카카오프렌즈

地鐵1號線

Kakao Friends
카카오프렌즈

⌂ 新世界百貨8樓　☎ 053-661-6942　⏱ 週一~四10:30~20:00、週五~日10:30~20:30，特定日期公休。　🌐 store.kakaofriends.com

無論男女老少，都逃不過Kakao Friends的魅力！這間分店雖然不是旗艦店，但商品相當多元。門口手拿愛心的萊恩、坐在長椅上喝飲料的Frodo和Neo，讓人忍不住停下腳步先來張大合照。**店內有占滿一整面牆的角色玩偶，每個都可愛的讓人選擇障礙，**其他還有拖鞋、毛巾、杯子、背包等雜貨，想空手離開這間店根本是不可能的事。

進店前先和角色們來張自拍！

以假亂真的蘋果麵包

③ 秀亨堂 수형당

⌂ 大邱 東區 東大邱路 550 선상통로내 수형당　☎ 053-716-1884　⏱ 6:00~22:00　⑤ 蘋果麵包禮盒裝（6個）₩23,000　🌐 www.instagram.com/suhyeongdang

把整箱蘋果麵包打包回家

特色甜點

秀亨堂是大邱當地老字號麵包店，原本就有不少人氣麵包，日前因為推出仿真蘋果麵包而成為話題。**麵包做成蘋果造型，還裝飾著蘋果梗和綠色的葉子，如果買6個，還會套上網袋並裝成蘋果禮盒，**以假亂真且非常可愛。內餡是加上吃得到蘋果丁的蘋果醬和起司奶油。這間分店位於東大邱站11、12號月台旁，來到這裡千萬別錯過。

東大邱
동대구역 / Dongdaegu

一次吃到三種
口味的什錦雞胗

The大本部 더큰본부

📍대구 동구 아양로9길 8　📞0507-1378-7458　⏰11:00~1:00，每月第二、四個週二公休。　💰半半雞胗（1人份）₩9,000、什錦雞胗₩17,000

就位於平和市場炸雞胗街入口旁，The大本部提供多種雞胗套餐，**如果想吃個過癮，可以點包含油炸、辣味和醬油三種口味的什錦雞胗（모듬똥집），另外還有搭配10隻炸蝦的半半雞雞胗（새우똥집）**，或是和蔬菜一起炒的炒雞胗（볶음똥집）等，就算一個人來也不用擔心，店家也有一人份的半半雞胗（반반똥집），讓所有人都能品嚐這項平價又美味下酒菜。

④ 平和市場炸雞胗街
평화시장닭똥집골목

🚇地鐵1號線東大邱站3號出口，出站後步行約20~25分鐘。或是從東大邱火車站外搭乘401、524等號公車，在「평화시장」站下（車程約5分鐘），再步行約3分鐘。　📍대구광역시 동구 아양로9길 10　📞053-662-4072　⏰視店家而異　🌐www.ddongzip.co.kr

吃貨推薦

從「雞肋」變身在地美食

平和市場原本以販售雞肉為主，攤商靈機一動，將炸過的雞胗當作禮物送給顧客食用，沒想到大獲好評，逐漸變成在地美食，也在市場附近形成了一條雞胗街，至今歷史已超過40年。**雖然這裡所有店家賣的都是雞胗，但是各家調味不同，提供的小菜也不同，有些店家還提供搭配魷魚或蝦子的升級組合，不妨多參考幾家菜單再決定。**

巷弄裡擠滿大大小小的雞胗店家

The大本部
더큰본부

雞胗大統領
똥집대통령

④ 平和市場炸雞胗街
평화시장닭똥집골목

急行1號公車站牌
（往市區）

急行1號公車站牌
（往八公山）

急行1號公車站牌（往市區）

急行1號公車站牌（往八公山）

秀亨堂
수형당

大邱近代胡同紅豆麵包
대구근대골목단팥빵

東大邱火車站
동대구역

新世界百貨
신세계백화점

東大邱客運站
동대구터미널

ALIVE愛來水族館
얼라이브아쿠아리움

Kakao Friends
카카오프렌즈

地鐵1號線

峨洋橋站
아양교역 / Ayanggyo

琴湖江櫻花隧道
금호강벚꽃터널 **1**

峨洋鐵橋
아양철교 **2**

峨洋橋站 아양교역 ① ④
② ③

急行1號
公車站牌
(往市區)

急行1號
公車站牌
(往八公山)

地鐵1號線

1 琴湖江櫻花隧道
금호강벚꽃터널

🚇地鐵1號線峨洋橋站4號出口，出站後步行約12分鐘。 🏠大구 동구 지저동 835-2 ⏰24小時 💲免費

　琴湖江沿岸、從地鐵峨洋橋站到東村站（동촌역）之間，有一條櫻花隧道，每到春天櫻花綻放時，景色美不勝收，讓人彷彿置身於一把把綿延不絕的花傘下，成為大邱最知名的賞櫻地點之一。**即使不是櫻花季，這條綠樹成蔭的道路也非常迷人**，經常可以看見人們在此散步。

公共空間設計獲得德國紅點設計獎的青睞

2 峨洋鐵橋
아양철교

🚇地鐵1號線峨洋橋站1號出口，出站後步行約9分鐘。 🏠大구 동구 지저동 ⏰24小時 💲免費

　提供服務將近80年之後，峨洋鐵路（아양기찻길）在2008年劃下句點，火車線遭到廢除，鐵路卻被保留了下來，並改造成市民文化休閒空間和新景點。**橫跨於琴湖江的峨洋鐵橋長277公尺、高14.2公尺，橋上保留著軌道與枕木**，可以透過玻璃地板看見。橋中央設有觀景台，裡頭規劃了不定期舉辦特展的藝廊，以及數位橋梁博物館等設施。曾經出現在韓劇《我的維納斯》中，夜間點燈後和白天呈現出截然不同的風情，是大邱欣賞夜景的好去處。

峨洋橋站延伸行程⮐
八公山
팔공산 / Palgongsan

❶ 八公山

팔공산

🚌地鐵1號線峨洋橋站2號出口，出站後在一旁轉搭急行1號（곡행1）公車，在八公山（팔공산）終點站下車，車程約45~50分鐘。

　　八公山是以大邱市中心為起點，橫跨慶尚北道永川市、軍威郡等地的一座高山，又以海拔1,192公尺的毘盧峯為中心，與海拔1,155公尺的東峰（又名彌陀峰）和海拔1,150公尺的西峰（又名三聖峰）並行。

　　八公山也是佛教文化中心地之一，除了最具代表性的桐華寺之外，還有為數眾多的佛教文化遺跡。因為**擁有豐富的四季景色，八公山成為許多韓國人推薦外國遊客前往大邱旅遊的必遊景點之一**，其中又以秋季賞楓、春季賞櫻最受歡迎。

四季景色各
展現不同風

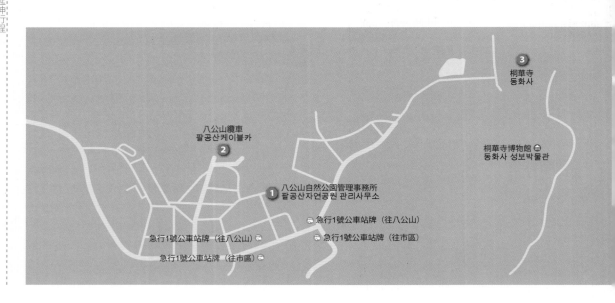

八公山纜車
팔공산케이블카
2

桐華寺
동화사
3

桐華寺博物館 🏛
동화사 성보박물관

八公山自然公園管理事務所
팔공산자연공원 관리사무소
1

🚏急行1號公車站牌（往八公山）

🚏急行1號公車站牌（往八公山）

🚏急行1號公車站牌（往市區）

🚏急行1號公車站牌（往市區）

從地鐵峨洋橋站前往八公山

想要前往八公山,可以從地鐵峨洋橋站的2號出口旁,轉搭紅色車身的急行1號公車前往,車程約45~50分鐘。急行1號公車行駛於東城路和八公山之間,串連起大邱多處景點與交通樞紐,對於遊客來說相對方便。雖然票價比一般公車貴一些,但是站與站之間距離較長,反而節省時間。

除了從地鐵峨洋橋站出發(因為一出站就可以直接搭乘急行1號公車)前往八公山,也可視個人行程安排,從沿線的不同車站轉乘,各站牌搭車地點可見不同分區地圖上的「急行1號公車站牌」標示。

🚌 東城路周邊—平和市場(炸雞胗街)—東大邱站—地鐵峨洋橋站—大邱機場—纖維博物館—桐華寺入口—八公山終點站 💲 現金₩1,800、交通卡₩1,650 ⏰ 營運時間和班次:5:35~24:05(視各站而異),約每13分鐘一班。

> 提供另一種空中視野欣賞八公山

© 韓國觀光公社

② 八公山纜車
팔공산케이블카

> 刺激的登高望遠體驗

> 達人推薦

🚌 從急行1號公車八公山終點站下車後,步行約5分鐘。 📍 대구 동구 팔공산로185길 51 ☎ 053-982-8801 ⏰ 平日9:30～18:50、週末9:30～19:20,每月營業結束時間有所變動,確切時間與營運情況逕向官網查詢。週一如遇國定假日則延至隔日公休。 💲 成人來回₩13,000、單程₩10,00、兒童來回₩7,000、單程₩5,000、長者來回₩11,000、單程₩7,000。 🌐 blog.naver.com/palgongcable

既然來到八公山,也別錯過體驗八公山纜車的機會!搭乘纜車前往新林峰山頂,可以俯瞰遼闊的景觀。**八公山纜車因坡度陡、纜繩長度較長,上下山時速度比其他纜車要來得稍微快一些**,給人一種搭遊樂設施的刺激感,又因為上下山路線而能欣賞到不同的風景,非常推薦。

③ 桐華寺
동화사

🚌 地鐵1號線峨洋橋站2號出口,出站後在一旁轉搭急行1號(곱행1)公車,在桐華寺入口(동화사입구)站下車(車程約45分鐘)後,沿右後方斜坡步行約7分鐘。 📍 대구광역시 동구 동화사1길 1 ☎ 053-980-7900 ⏰ 日出~日落 💲 成人₩3,000、青少年₩2,000、長者₩1,500 🌐 www.donghwasa.net

坐落大邱市中心東北方22公里處的桐華寺,位於八公山南側,最初興建於西元493年的新羅時期,當時稱為瑜伽寺。300多年後重建的它,因為梧桐花盛開富含吉祥寓意,於是改名為桐華寺。

寺廟周遭環境清幽,伴隨著古木與溪流,大雄殿是它最重要的建築,裡頭供奉著阿彌陀佛、釋迦摩尼佛等神明,不過今日的建築是1727年重建的結果。桐華寺的另一大亮點,是高達33公尺的藥師如來佛像,被寄予韓國人民對南北韓統一願望的象徵。

> 的藥師如來佛令人印象深刻

> 桐華寺和周邊環境相當清幽

161

大邱地鐵2號線

대구 도시철도 2호선

Data
起訖點_汶陽站←→嶺南大站
通車年份_2005
車站數_29個
總長度_31.4公里
起訖時間_約05:30~23:19(各起站不一)

大邱地鐵2號線於2005年開始通車，路線自達城郡的汶陽站至慶尚北道慶山市的嶺南大站。2號線可在青蘿坡站交接3號線，於半月堂站交接1號線，主要的觀光景點分布於慶大醫院站和頭流站。

大邱地鐵 **2** 號線

啟明大站

曾經叱詫風雲的韓劇《流星花園》拍攝地──啟明大學(城西校區)就在一旁，校區占地廣大更能瘋拍美照。

啟明大學
曾被評選為十大美麗校園之一的啟明大學，採用美國哈佛大學類似建築風格，而有「東方哈佛」的稱號。

慶大醫院站

涵蓋大邱市中心的東城路商圈，同樣聚集不少美食餐廳或特色咖啡廳。紀念大邱已故音樂才子的金光石街，則散發濃濃藝文風情。

金光石街
以紀念韓國歌謠界傳奇人物「金光石」為主題的街道，壁畫及文青咖啡廳展現出悠閒氛圍。

P.163
P.166-167
P.164-165

문汶 다多 대大 강江
양陽 사斯 실實 창倉
216 217 218 219
啟明大계명대
220
城西產業園區
성서산업단지
221
梨谷이곡
222
龍山용산
223
竹田죽전
224
甘三감삼
225
두頭 내內 반半 청青 반半 경慶 대大 범泛 壽城區廳수성구청
류流 당唐 고高 라羅 월月 대大 구邱 어魚 234
      226 227 개蓋 언坡 당堂 병病 은銀   233
         두頭 내內 덕德 站站 院院 行行
         류流 당唐   230 231 232
              228 229
晚村만촌◎
235
丹替담티
236
蓮湖연호
237
大公園대공원
238
孤山고산
239
新梅신매
240
사沙 정正 임林 영嶺
월月 평坪 당堂 남南
241 242 243 대大
              244

頭流站

頭流站可說是大邱約會勝地的前哨站，主題樂園E-World和欣賞夜景的83塔都鄰近於此。每年大邱炸雞啤酒節的舉辦場地頭流公園，也在步行可達的距離。

E-World
除了刺激豐富的遊樂設施，瀑布、燈光、花園等歐風造景也非常適合拍照和約會。園內只要一抬頭就能看到大邱最具代表性的地標之一83塔。

Stop by Stop零殘念精華路線推薦

達人帶你玩
大邱地鐵2號線

©韓國觀光公社

©韓國觀光公社

半月堂站

→ **1** 啟明大站
建議參觀時間：60~90分鐘
除了西式建築的校園本部外，還有座結合韓屋與庭院的啟明韓學村。(見P.163)

慶大醫院站

→ **2** 金光石街
建議參觀時間：60~90分鐘
和美麗的壁畫拍照，找間文青咖啡廳或甜點店，坐下來感受當地氣氛。(見P.167)

頭流站

→ **3** E-World
建議參觀時間：90~120分鐘
在E-World大玩各項遊樂設施，黃昏時登上83塔欣賞美景。(見P.164)

啟明大站
계명대역 / Keimyung Univ.

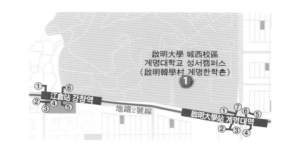

啟明大學 城西校區
계명대학교 성서캠퍼스
（啟明韓學村 계명한학촌）
①

江倉站 강창역
地鐵2號線
啟明大學站 계명대역

啟明大站

頭流站

半月堂站
（P.140～147）

慶大醫院站

❶ 啟明大學 城西校區
계명대학교 성서캠퍼스

🚇地鐵2號線啟明大學站1號出口，出站後步行約3分鐘。 🏠대구 달서
🏠 달구벌대로 1095 ☎053-580-5114 ⏰24小時 🌐www.kmu.
ac.kr

　曾經被評選為韓國十大美麗校園之一，因為當初設計時以哈佛大學為藍本，並採用類似的建築風格建造，而有「東方哈佛」之稱。啟明大學創校於1899年，屬於基督教學校，在大邱有兩個校區，另一個大明校區（대명캠퍼스）位於南山站附近。**城西校區是韓劇《花樣男子》的主要拍攝場地之一，校區除了以建築著稱，春天還能賞櫻，秋天還能賞楓，四季展現出不同風情。**

讓人彷彿置身國外校園的西式建築

大學本部
대학본부

　宏偉的西式紅磚建築，四根高大的柱子撐起有著山牆的入口，正中央還聳立著一棟白色的八角形圓塔，外觀就像棟豪宅，它在韓劇《花樣男子》中成為具俊表家的大門。

啟明韓學村
계명한학촌

　啟明學校為了紀念創立50週年，特別打造了韓學村，結合韓屋與庭院，裡頭錯落著講堂、書齋和樓閣，讓人彷彿穿越過去，金泰梨和李秉憲主演的《陽光先生》（미스터션샤인）就曾在此取景。

山頂上的亞當斯教堂和下方的韓學村形成對比

亞當斯教堂
아담스채플

　附設於基督教學校中的教堂，位居高處的亞當斯教堂用來紀念創始人，也是經常出現在韓劇中的場景。

頭流站
두류역 / Duryu

眾多設施與綠地成為民眾休閒好去處

① 頭流公園
두류공원

🚇地鐵2號線頭流站9、10、11號出口，出站後步行約15分鐘。 🏠大邱 達西區 公園循環路36 ☎頭流公園：053-803-7470 ⏰24小時 💲免費

位於頭流山和金鳳山中心處的頭流公園，在1977年被開闢為公園，園區相當廣闊且地形起伏大，設有足球場、棒球場、網球場、游泳池、溜冰場等多種運動設施，以及戶外音樂堂、聖堂池五色噴泉、壁泉瀑布……更有大片草皮可以放風，兼具文化、休閒、運動功能，公園內還有座金龍寺（금용사），以供奉阿彌陀佛為主。

② E-World
이월드

🚇地鐵2號線頭流站15號出口，出站後步行約8分鐘。 🏠大邱 達西區 頭流公園路200 ☎070-7549-8112 ⏰週一～週四10:30~21:00、週五～週六10:00~22:00、週日10:00~21:00，部分設施可能因天氣有所調整。 💲一日票成人₩49,000、14~19歲青少年₩44,000、兒童₩39,000；夜間票（17:00後入場）成人₩35,000、14~19歲少年₩33,000、兒童₩33,000 🌐eworld.kr

E-World是韓劇《舉重妖精金福珠》的拍攝地。園內除了刺激豐富的遊樂設施，瀑布、燈光、花園等歐風造景都非常適合拍照和約會。**春天登場的星光櫻花節（별빛벚꽃축제）不但知名且非常具有代表性，冬天也會舉辦星光節（별빛축제）。**

園內熱門設施包括全韓國最大的海盜船、從30公尺高俯衝向下的雲霄飛車Boomerang、長超過1公里經過6次360度軌道的Camel Back、必玩的水上遊樂設施Flume Ride，以及韓綜《RUNNING MAN》中曾當作終極逞罰Mega Swing 360等。此外還有可以近距離與鸚鵡互動的鸚鵡園區、可餵食可愛動物的動物農場等，是座適合全家大小同歡的特色主題區。

在園內只要一抬頭就能看到纜車和83塔，也是大邱最具代表性的景點之一。很推薦午後入場玩一輪後，搭纜車到83塔看絕美夜景。

夢幻的花園造景常出現韓劇中

感受俯衝向下水花濺濕的快感

纜車
스카이웨이

在樂園入口附近的纜車，運行E-World和83塔之間，49公尺的高度可以將樂園甚至大邱市景一覽無遺。玩完樂園後，別急著離開，也搭纜車上去83塔欣賞夜景吧！
⏰10:30 ~ 20:50 💲免費

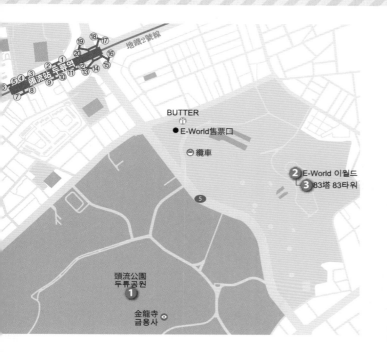

BUTTER
🎫 E-World售票口
🚡 纜車
2 E-World 이월드
3 83塔 83타워
頭流公園
두류공원 **1**
金龍寺
금용사
5

83塔前廣場

83塔的纜車站位在4樓外的廣場，這裡也有一項刺激的遊樂設施Sky Drop，是世界上位置最高的自由落體。旁邊有餐廳，還有一輛紅色雙層巴士，以及巴士站「SKY STATION」布景和英倫風的電話亭，也有供拍照的纜車車廂和一些打卡點，非常好拍。

> 大邱最浪漫的約會名所

3 83塔

83타워

> 地標景點

🚇地鐵2號線頭流站15號出口，出站後步行約8分鐘。 🏠대구 달서구 두류공원로 200 83타워 ☎053-620-0114 ⏰週一~週五、週日11:00~20:30、週六11:00~21:30 💰77F展望台成人₩15,000、兒童₩12,000；持E-World門票可5折優待。 🌐eworld.kr/tower

83塔是大邱地標，是座開放於1992年的83層樓高無線電塔，塔內有相當多設施，包括餐廳、美食街、咖啡廳、伴手禮商店、藝術博物館、室內溜冰場，以及戶外露天平台和遊樂設施等，是大邱人約會場所。**來到83塔當然要到77樓展望台看夜景**，可以在2、4樓購票後搭乘電梯上樓，展望台旁有咖啡廳和伴手禮商店，整體視野絕佳，除了下方點燈的E-World樂園，也可以看到遠方的前山。

從83塔看到的遊樂園夜景燈火璀璨

慶大醫院站
경대병원역 / Kyungpook Nat'l Univ Hosp.

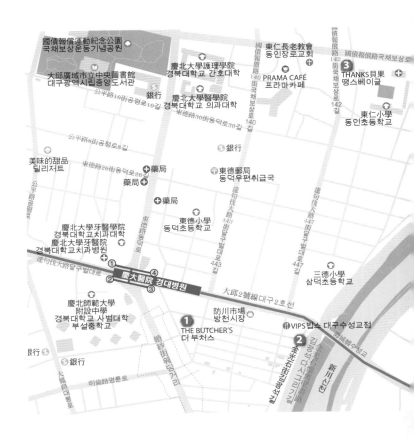

（地圖標示）
國債報償運動紀念公園 국채보상운동기념공원
大邱廣域市立中央圖書館 대구광역시립중앙도서관
慶北大學護理學院 경북대학교 간호대학
東仁長老教會 동인장로교회
國債報償路 국채보상로 140街
PRAMA CAFÉ 프라마카페
國債報償路 국채보상로 142街
THANKS貝果 땡스베이글
銀行
慶北大學醫院 경북대학교 의과대학
東德路30街 동덕로30길
東仁小學 동인초등학교
公平路10街 공평로10길
公平路8街 공평로8길
銀行
美味的甜品 딜리저트
東德路26街 동덕로26길
東德郵局 동덕우편취급국
藥局
公平路 공평로
藥局
達句伐大路 달구벌대로 443街
東德小學 동덕초등학교
慶北大學牙醫學院 경북대학교 치과대학
慶北大學牙醫學院 경북대학교 치과병원
達句伐大路 달구벌대로
三德小學 삼덕초등학교
慶大醫院 경대병원
大邱2號線 대구2호선
慶北師範大學附設中學 경북대학교 사범대학 부설중학교
防川市場 방천시장
THE BUTCHER'S 더 부처스
VIPS밥스 대구수성교점
銀行
銀行
金光石街 김광석 다시그리기길
新川 신천
大鳳路 대봉로
明倫路 명륜로
婚紗街 웨딩거리

❶ **The Butcher's**
더 부처스

🚇地鐵2號線慶大醫院站3號出口，出站後步行約3分鐘。 📍대구 중구 달구벌대로440길 9-18 ☎053-257-0345 🕐週二～四、週日17:00～24:00，週五、週六16:00~1:00，週一公休。 💲生牛肉（中）₩26,000、濕式熟成沙朗牛排（300g）₩27,000、乾式熟成沙朗牛排（300g）₩37,000 🌐www.instagram.com/the_butchers

The Butcher's是家可以吃到大邱知名生牛肉的肉品料理專賣店。**大邱的生牛肉不經過醃製，吃的是牛肉原本的鮮味，厚切成一塊塊，連同油花一併吃下，就連老饕也回味無窮。**除了大邱生牛肉，這裡最受到年輕人喜愛的就是鐵板牛排，調理方式分為乾式熟成（건조숙성）和濕式熟成（습식숙성）兩種，配菜除常見的高麗菜、蒜頭、大蔥之外，還有烤香蕉！

❷ 金光石街
김광석길

名人景點

韓國歌謠界傳奇人物壁畫街

🚇地鐵2號線慶大醫院站3號出口，出站後步行約8分鐘。 🚃大邱廣域市 中區 달구벌대로 2238 ☎053-218-1053 ⏰24小時

　　2010年11月起，在已故音樂才子金光石居住過的大鳳洞防川市場附近巷弄，由11組畫家及中區廳共同打造出結合生活與音樂的「金光石街」。**這條總長350公尺的街道，彩繪著十幾幅與金光石相關的壁畫**，可以遇見在路邊攤吃麵、看著大海、甚至還有星光咖啡館的的他，當中另有部分取材自他的知名歌曲歌詞，展現初多樣的藝文風貌，同時也讓想念他的大眾可以一起緬懷這位音樂才子。

金光石被稱為「唱歌的哲學家」

模仿梵谷的金光石版星空下的咖啡館

誰是金光石？
1964年1月22日出生於韓國大邱的金光石，在韓國人心中永遠有著特殊的地位，只需要一把吉他跟一支口琴，就能透過音樂，讓聽眾感受到別離的哀愁、愛情的傷痛，歌曲就是他一生的寫照。喜愛韓劇「請回答」系列的朋友應該對他的歌曲不陌生，其中「寫信給陰暗的天空」(흐린 가을 하늘에 편지를 써) 就是金光石的代表作。

事業如日中天的金光石，卻於1996年1月6日發現在家中自縊身亡，當時他的妻子對外公布死因為抑鬱症纏身，但隨著金光石的紀錄片籌備與問世，浮現大量疑點，而出現是否為他殺的輿論。由於此案件已過法律追溯期，最後依然是不了了之。

啟明大站　頭流站　半月堂站(P140~147)　慶大醫院站

貝果選擇多樣且扎實

❸ THANKS貝果
땡스베이글

🚇地鐵2號線慶大醫院站4號出口，出站後步行約15分鐘。 🚃大邱 中區 국채보상로 716 ☎053-253-7498 ⏰10:00~18:00，週日公休。 💰原味貝果₩2,400、咖啡₩3,500起 📷instagram.com/thanks_bagel

　　THANKS貝果標榜完全使用自製的奶油起司、天然發酵種以及有機原料，經過12小時低溫熟成製成貝果。**店內貝果都是無奶油、無雞蛋、無牛奶、無添加劑的健康貝果**，不但內餡扎實，口感豐富有嚼勁，並堅持當日生產當日販售。除貝果口味選擇眾多外，也有販售咖啡飲品，所有餐點都是現點現做，熱愛貝果的人絕不能錯過！

大邱地鐵3號線
대구 도시철도 3호선

Data
起訖點_漆谷慶大醫院站←→龍池站
通車年份_2015
車站數_30個
總長度_23.2公里
起訖時間_約05:30~23:16(各起站不一)

動工自2009年的大邱地鐵3號線,是大邱最新的一條線路,為單軌鐵路系統,從北區的漆谷慶大醫院站至壽城區的龍池站。3號線中的青蘿坡站可與2號線交接,明德站可與1號線交接,若要前往西門市場夜市可搭至西門市場站。

大邱地鐵 3 號線

西門市場站

西門市場站就在西門市場旁,市場內多達4,000家店舖,主要以紡織品為主,當中也不乏販售鍋碗瓢盆、生活雜貨和海鮮乾貨的店家,小吃也很有名。

Romance Papa
這間結合新潮現代元素的木造韓屋咖啡廳,讓人彷彿穿越60年代的時光隧道,店內散發濃濃復古風情。

達城公園站

依舊保留著昔日慶尚監營正門的達城公園,是大邱歷史最悠久的公園,附近還有老屋翻新的大邱藝術發展所,深受年輕人喜愛。

達城公園
三韓時代遺留下來的舊城址,公宗時改為公園使用,成為大邱歷史最悠久的一座公園,除多項設施外,裡頭另有動物園,四季還能欣賞不同花卉。

壽城池站

原本是農業灌溉用池,後來轉型為現今觀光休閒面貌的壽城池周邊,林立許多餐廳及咖啡廳。

pocket
位於壽城池邊的pocket咖啡廳,坐擁池邊最美的風光,店內販售各式麵包及飲料,春季時更能看到櫻花滿開美景。

漆谷慶大醫院칠곡경대병원 312
鶴亭학정 313
八莒팔거 314
東川동천 315
漆谷雲岩칠곡운암 316
鳩岩구암 317
太田태전 318
梅川매천 319
梅川市場매천시장 320
八達팔달 321
工團공단 322
萬坪만평 323
八達市場팔달시장 324
院垈원대 325
北區廳북구청 326
達城公園달성공원 327
西門市場서문시장 328
青蘿坡청라언덕 ②③
明德명덕 330
南山(계명네거리)남산
斗笠岩건들바위 332
大鳳橋대봉교 333
壽城市場수성시장 334
壽城區民運動場수성구민운동장 335
兒童會館어린이회관 336
黃金황금 337
壽城池수성못 338
池山지산 339
凡勿범물 340
龍池용지 341

P.169
P.170-171
P.172-173

Stop by Stop 零殘念精華路線推薦
達人帶你玩大邱地鐵3號線

壽城池站
1 壽城池
建議參觀時間:60~90分鐘
轉型為休閒觀光景點,在大邱觀光中已被列入為12大景點之一。(見P.172)

達城公園站
2 大邱藝術發展所
建議參觀時間:60~90分鐘
昔日的菸草製造倉庫,因都市再生搖身一變成了文化藝術創造設施。(見P.169)

西門市場站
3 西門市場
建議參觀時間:90~120分鐘
在市場走走逛逛,感受當地生活日常,到市場內的小吃街或西門夜市打打牙祭。(見P.170)

達城公園站
달성공원역 / Dalseong Park

昔日慶尚監營的遺址觀風樓

❶ 達城公園
달성공원

🚇地鐵3號線達城公園站3號出口，出站後步行約11分鐘。 🏠大邱中區 달성공원로 35 ☎053-803-7350 🕐5:00～21:00 💲免費

達城公園是從三韓時代遺留下來的舊城址，日軍在清日戰爭時也曾於此紮營，一直到公宗時期才被改為公園使用，現在除了是大邱各大公園中歷史最悠久的一座外，也是與市民最親近的都市中心公園。

總面積達128,700平方公尺，達城公園內除了有草地廣場、綜合文化館等，還附設動物園、網球場等設施，此外根據季節不同，也能欣賞銀杏、櫻花、楓葉等美景。公園內的觀風樓是慶尚監營的正門，自大邱監營設立時便在宣化堂南邊興建布政門，也是大邱地方文化財產第3號寶物。

空間寬敞異常挑高

❷ 大邱藝術發展所
대구예술발전소

🚇地鐵3號線達城公園站1號出口，出站後步行約4分鐘。 🏠대구 중구 달성로22길 31-12 ☎053-430-1289 🕐4～10月週二～日10:00～19:00、11～3月10:00～18:00，週一、元旦、農曆新年、中秋節公休。 💲免費 🌐www.daeguartfactory.kr

昔日的菸草製造倉庫，因為都市再生搖身一變成了文化藝術創造設施。大邱藝術發展所是當地區域近代工業遺產活化為藝術空間的示範指標。開館於2013年，主要供特展使用，也為藝術家提供工作室。

五層樓高的紅磚建築中，1樓有咖啡廳，可以透過落地玻璃悠閒欣賞風景。2樓的圖書館「萬卷堂」，收藏大量與藝術相關的書籍。3樓有小朋友的遊戲空間，4樓除了展覽外，最受歡迎的莫過於散發著藍色光芒的大月亮，所有人來到這裡，都會跟它來張合照。

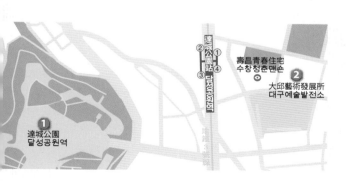

壽昌青春住宅
수창청춘맨숀

大邱藝術發展所
대구예술발전소

達城公園站
달성공원역

❶ 達城公園
달성공원역

達城公園
西門市場站
壽城池站

西門市場站
서문시장역 / Seomun Market

> 地下美食街座位雖不寬敞卻能坐著吃東西

❶ 西門市場
서문시장

🚇地鐵3號線西門市場站3號出口，出站後步行約4分鐘。　📍大邱 中區 큰장로26길 45　☎053-256-6341　🕐9:00 ~ 18:00，每月第一、三個週日公休。

　　坐落大邱城郭西邊，因此被命名為西門市場。這座大邱最大的傳統市場設立於1920年，最初歷史可回溯到朝鮮時代，與當時的平壤和江景並列三大集貿市集。大邱是時裝業重鎮，**市場內多達4,000家店舖，主要以紡織品為主，從各類布料到男女老少服飾等商品五花八門，當中也不乏販售鍋碗瓢盆、生活雜貨和海鮮乾貨的店家。**除此之外，這裡的小吃也很有名，來到這裡一定要嚐嚐。

> 在這裡可以吃到大邱特有的扁餃子

> 西門市場主要以服飾為主

Gomae炸豬排咖啡廳
돈까스카페고매

地址：대구 중구 큰장로26길 25 서문시장2지구 지하1층 서135, 136호　☎053-253-6919　🕐同西門市場營業時間　💲薄餃子₩3,500、明太魚乾刀切麵₩7,500

　　採類似獨棟商場方式經營的西門市場第二商區，地下1樓有條美食街。其中位於手扶梯旁的Gomae炸豬排咖啡廳，總是坐滿了人，店員會引領你排隊並在入座前提前點餐，因此上菜速度非常快，通常不需要等太久。店內食物選擇非常多樣，其中**明太魚乾刀切麵（황태칼국수）湯頭清淡鮮甜，能吃到單純的好滋味。薄薄外包著粉絲的扁餃子（납작만두）不油不膩，搭配沾醬和青蔥更對味。**另外店內的炸豬排（돈가스）也很受歡迎，想大快朵頤的人可以試試。

小吃街

西門市場第一商區和第二商區交會轉角處、第二商圈斜前方的通道，聚集著好幾家專門販售魚糕、辣炒年糕、血腸、炸物和紫菜飯捲等小吃的店家，讓人光看就食指大動，想解饞或簡單打打牙祭的人，千萬別錯過。

在韓屋裡喝咖啡，氣氛滿點又好拍！

2 西門夜市

서문야시장

🚇地鐵3號線西門市場站3號出口，出站後步行約4分鐘。 🏠大邱 中區 達城路50 ☎053-256-6341 ⏰19:00～22:30，週二公休。

大邱在地美食小吃都在這

吃貨天堂

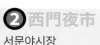

2015年打著「韓國國內最大規模夜市」開業的西門夜市，除風靡國內，連國外慕名而來的觀光客也不少，成為大邱的人氣觀光景點之一。夜市規劃動線良好且乾淨，集結不只大邱、還有韓國的必吃小吃，受歡迎的程度讓許多店家必須大排長龍，而有「等待地獄」之稱。雖然之前受到疫情影響，營業天數縮減且人潮明顯減少，不過目前已恢復正常開放。

西門夜市大邱夜間人氣景點之一

3 Romance Papa

로맨스빠빠

🚇地鐵3號線西門市場站1號出口，出站後步行約5分鐘。 🏠大邱 中區 國債報償路 492-6 ☎0507-1422-0799 ⏰12:00～22:00 💲懷舊紅豆冰₩6,500、蛋糕₩6,500起 🔗www.instagram.com/romancepapa_

位在西門市場附近的Romance Papa，是間結合新潮現代元素的木造韓屋咖啡廳，走入店內彷彿穿越60年代的時光隧道，店內散發濃濃復古風情，也販售一些充滿童趣的杯子。包含2樓的露天座位，店內空間總共分成12種不同風格的座位區，另有提供隱蔽性的包廂式座位，直接打造成60年代某人的房間，非常有特色。

壽城池站
수성못역 / Suseongmot

步道綠樹成蔭還能欣賞湖景

❶ 壽城池遊客服務中心 MOTII
수성못 관광안내소 MOTII

🚇地鐵3號線壽城池站1號出口,出站後步行約10分鐘。 📍수성구 수성못길 37 ☎053-761-0645 🕐（夏季）4~10月平日10:00~19:00、週末和假日9:00~21:00,（冬季）週11~3月平日9:00~18:00、週末和假日9:00~21:00。

　　從地鐵站步行前往壽城池,最先看到的就是這個位於池畔的遊客服務中心,簡約且現代的設計非常醒目。裡頭**除了提供相關旅遊資訊之外,還附設紀念品商店**,可以看見當地的吉祥物,長得有點像青蛙、名為DDUBI的鬼怪。DDUBI模樣非常可愛,無論是做成馬克杯、T恤、提袋等都非常討喜,讓人一不小心就手滑。

❷ 壽城池遊園區
수성못 유원지

🚇地鐵3號線壽城池站1號出口,出站後步行約10分鐘。 📍대구광역시 수성구 용학로 35-5 ☎053-761-0645 🕐24小時 🌐www.suseong.kr

壽城樂園散發出些許懷舊氣息

　　興建於1925年的壽城池,是一座日據時代為農業灌溉使用而生的蓄水池,面積將近22萬平方公尺,後來轉型為親水休憩空間。延伸於龍池峰山腳下的壽城池遊園區,以這**座人造池為中心,四周遍植樹木,區內設置多條步道,還有可以體驗天鵝人力船的遊覽船碼頭,景色寧靜而優美**,被列為大邱觀光12大景點之一,許多韓國綜藝節目都曾到此取材。

　　除了散步賞景,這裡還有座音樂噴泉,5~10月每天進行5場噴泉秀（13:00、16:00、19:00、20:00、21:00）。園區內另有適合小朋友遊玩的壽城樂園（수성랜드）,旋轉木馬、碰碰車、海盜船、碰碰車……正好可以好好放電一下。

可以買到吉祥物DDUBI的相關產品

壽城觀光巴士
為了方便遊客往來於壽城區的知名景點壽城池,以及德安路美食城一帶,當地推出了可開頂的紅色觀光巴士。以地鐵壽城池站為起點,黃金站為終點,沿途共設10站。週二至週日11:00~14:40、17:00~19:40間運行（春節、中秋節公休）,車資₩500,可使用交通卡。

壽城池站① 수성못역站

② 壽城遊園區 수성못 유원지

① 壽城池遊客服務中心 MOTII 수성못 관광안내소 MOTII

壽城樂園 수성랜드

壽城池 수성못

③ pocket 포켓

slowly in muhak 슬로울리인무학 ④

地鐵3號線

舊屋改造而成非常有特色

③ pocket

포켓

坐擁壽城池景第一排風光

網美咖啡

🚇地鐵3號線壽城池站1號出口,出站後步行約10分鐘。 ⌂대구 수성구 수성못길 20 ☎070-7766-9929 ⏰8:00~24:00 💲特調拿鐵₩5,800起、麵包₩3,000起 📷www.instagram.com/cafe_pocket

　壽城池旁聚集著不少咖啡廳,pocket也是其中之一。坐擁池邊最美的風光,兩層樓高的建築,除半開放廚房和用餐區外,2樓還附設露天座位區,透過大片玻璃窗的設計,能將景色盡收眼底。店內所有麵包都是自己烘培,使用天然發酵種讓麵包口感更好。**特別推薦黃昏時在這裡喝杯咖啡,邊欣賞壽城池畔散步的人們,感受一段悠閒的時光。**

大片玻璃帶來一覽無遺的視野

面外觀本身就很吸睛

④ slowly in muhak

슬로울리 인 무학

🚇地鐵3號線壽城池站1號出口,出站後步行約11分鐘。 ⌂대구 수성구 무학로 189 상가5동 1,2층 ☎0507-1304-8473 ⏰10:00~22:00 💲咖啡₩4,500起

　充滿異國風情的slowly in muhak,由幼稚園改建而成,**咖啡廳內採用挑高空間和拱形窗,充滿特色的設計成為外拍首選之一。**店內供應飲品及甜點,雖然未坐落於壽城池畔,但因臨近住宅區少有觀光客,安靜悠閒反而成為它的獨有特色。

釜山・大邱旅遊資訊

行前準備

簽證

韓國開放持台灣護照者（需有6個月以上效期），90日以內短期免簽優惠，因此到韓國遊玩時不需要特別辦理簽證，直接持有效護照前往即可。

駐台北韓國代表部

- 台北市 基隆路 一段 333號 15樓 1506室
- 02-27588320~5
- 9:00~12:00、14:00~16:00
- overseas.mofa.go.kr/tw-zh/index.do

釜山、大邱在哪裡？

釜山及大邱皆屬韓國慶尚道區域，釜山位於韓國東南部，是韓國首爾以外第二大城市，也是韓國南部最大城市及港口，由於釜山被天然屏障高山與海包圍，使得釜山成為唯一沒有被朝鮮民主主義人民共和國占領過的城市，更於韓國內戰期間擔任臨時首都。

大邱位於韓國中南部，是韓國第四大城市，很多人比喻如果首爾是台北的話，釜山就是高雄，而大邱就相當於是台中的角色。

城市氣候

釜山位在韓國東南端，由於緯度較低，東側與南側皆臨海，受海洋性氣候影響頗鉅，1月均溫在攝氏2.5度左右，8月均溫在25.3度上下，可說是韓國氣候較溫和的地帶。

大邱位在韓國東部中央，境內山地多，寒暑雖然溫差仍大，但東側地帶受到海流的影響和太白山脈的屏障，呈現夏涼冬暖的宜人氣候。

當地旅遊資訊

貨幣

韓圜（WON，本書皆以W表示）共有4種面額的紙鈔：1,000、5,000、10,000、50,000，硬幣分為10、50、100、500共4種。

換匯

韓幣兌台幣匯率為1:0.024（匯率浮動，僅供參考）。旅客可先在韓國機場換現金作為交通、飲食費，再至市區找當地換錢所換更多韓幣，或搭配海外消費現金回饋高的信用卡做購物使用，除非一次大量換匯，不然1~3萬台幣的小額換匯，通常匯差只有幾十塊台幣，差別不大。

信用卡

在韓國使用信用卡相當普遍，許多店家都可以接受信用卡消費，唯獨路邊小吃、批發或傳統市場部分店家不接受信用卡。

時差

韓國和台灣有1小時時差，韓國比台灣快1小時。

電壓

分100V（兩孔圓形插頭）以及220V（圓形三孔插頭）兩種，建議攜帶轉接頭，台灣電器需注意電壓，避免電器因電壓過高導致電器燒壞。

飲用水

韓國的水不能生飲，建議購買礦泉水飲用。

小費

在韓國消費稅多已內含，大部分餐廳不需要再另外支付小費。

WiFi網路

在國外旅遊無論找路或是聯絡同行友人，最需要的即是網路，到韓國旅遊可以使用兩種方式上網，一網路分享器，二是網路SIM卡。以下幫你分析適合的方案：

比較項目	網路分享器	網路sim卡/eSim卡
體積	大，約行動電源大小	小，插入手機或無實體卡，不佔空間
價格	多人租一台平分便宜	單卡較貴
押金有無	有	無
使用方式	簡單，開機後即可連線	有風險，遇手機機型Bug或卡片問題可能無法使用
方便度	需隨身攜帶，有重量，多人使用電量消耗下，需輔以行動電源使用	輕便無重量
租借方式	上網預約申請，機場取件或宅配到府	機場現場購卡、上網購買宅配到府
歸還方式	回國機場歸還或寄回	離境時丟棄即可

退稅手續

韓國國內購物只要消費滿W15,000即可退稅，部分美妝品牌、百貨專櫃可現場退稅外，離境時，也可於機場辦理退稅。韓國大部分機場皆有設置自助電子退稅機KIOSK，可自行掃描護照、退稅單條碼，機器設有多國語言，如擔心不會

操作，機器周遭也都配有服務人員可幫忙代刷。

目前釜山金海機場有提供自動退稅服務，也可以直接退現金（限韓幣、美金或日圓），不過大邱機場依舊維持人工退稅，也不提供現金退稅。無論是否為自動退稅，都必須先到海關蓋退稅章（金海機場在B24櫃檯旁，大邱機場在1號出口繼續往國內線方向，可沿標示前往），蓋章前記得先按照範本填妥包括姓名、護照號碼、信用卡號等資訊，再交給海關查核蓋章。

海外遭遇急難應對方式（如何處理旅外不便）

◎領事事務局LINE官方帳號：@boca.tw
◎旅外國人急難救助專線：

國內免付費：0800-085-095、海外付費請撥（當地國國際碼）：+886-800-085-095、國際免付費電話：800-0885-0885

◎消費糾紛或其他法律糾紛

聯繫當地警方並保留證據，駐外館處人員僅可提供律師、翻譯人員名單，無法介入調解民事、商業等法律糾紛。

◎在國外急需財務救助

1.出國前請銀行開通國際提款功能

2.聯繫親友匯款或信用卡預借現金。若無法取得上述救助，駐外館處可提供代購返國機票及提供候機期間基本生活費用之借款，但需在約定期間還款，否則外交部將依法律程序進行追償。

◎旅行規劃、交通、住宿、工作等問題

駐外館處24小時急難救助專線如同國內119、110專線，一般查詢請勿撥打佔線。

◎遺失或遭竊

護照遺失時，請先向當地警局報案掛失，取得報案證明後，聯繫駐外館處補發護照。信用卡及財物遺失則聯絡信用卡公司掛失以及保險公司確認理賠方式。

◎意外受傷或生病就醫

出國前確認海外保險包含海外意外傷害、突發疾病及醫療轉送等內容，若意外受傷請立即向領隊、旅館或駐外館處等單位詢問醫院資訊並儘速送醫，並聯絡親友及保險公司協助安排後續就醫及理賠相關事宜。

實用APP

◎NAVER Map

由NAVER公司推出的地圖，在韓國當地能更準確定位位置，規劃地鐵、巴士，甚至是算出搭乘計程車的費用，APP有提供韓、英、中、日文介面。

下載完成後進入設定（설정）的語言（언어）選項內將設定改為中文（중국어）即可。

◎KakaoMap

kakao和入口網站Daum合作推出的電子地圖，目前雖然沒有中文版，不過不懂韓文的海外遊客，還是可以使用英文介面搜尋。

◎Naver Papago

同樣是NAVER系統開發的翻譯APP，除了可以錄製人聲翻譯外，還透過拍攝照片幫你即時翻譯成中文，介面也非常簡單。

◎Subway Korea

在韓國搭地鐵，想知道怎麼轉乘最快、最方便？首班車和末班車等資訊？就不能不下載Subway Korea。這個APP擁有中文介面，除首爾外，包括釜山、大邱、大田、光州地鐵都一網打盡。

◎Kakao T

在韓國想叫計程車，即使沒有韓國手機號碼或韓國信用卡的外國遊客，也可以使用Kakao T。可以搭配KakaoMap使用，複製地名或以電話號碼定位設定位置。計程車按表計費，可付現或刷卡，缺點是只有韓文版。

國家圖書館出版品預行編目資料

釜山.大邱地鐵地圖快易通 / 彭欣喬, 墨刻編輯部作
. -- 初版. -- 臺北市：墨刻出版股份有限公司出版：
英屬蓋曼群島商家庭傳媒股份有限公司城邦分公司
發行, 2024.08
176面；18.3×24.2公分. -- (地圖隨身GO；83)
ISBN 978-626-398-050-1(平裝)
1.CST: 火車旅行 2.CST: 地下鐵路 3.CST: 韓國釜
山市 4.CST: 韓國大邱市

732.7899   113010041

作者
彭欣喬・墨刻編輯部

攝影
墨刻攝影組

主編
彭欣喬

美術設計
李英娟・呂昀禾 (特約)

地圖美術設計
Nina・墨刻編輯部

圖片提供
韓國觀光公社

出版公司
墨刻出版股份有限公司
地址：台北市115南港區昆陽街16號7樓
電話：886-2-2500-7008
傳真：886-2-2500-7796
E-mail：mook_service@cph.com.tw
讀者服務：readerservice@cph.com.tw
墨刻官網：www.mook.com.tw

發行公司
英屬蓋曼群島商家庭傳媒股份有限公司城邦分公司
地址：台北市115南港區昆陽街16號8樓
電話：886-2-2500-7718   886-2-2500-7719
傳真：886-2-2500-1990   886-2-2500-1991
城邦讀書花園：www.cite.com.tw
劃撥：19863813
戶名：書蟲股份有限公司

香港發行所
城邦（香港）出版集團有限公司
地址：香港九龍土瓜灣土瓜灣道86號順聯工業大廈6樓A室
電話：(852)25086231
傳真：(852)25789337
E-MAIL：hkcite@biznetvigator.com

馬新發行所
城邦(馬新)出版集團 Cite (M) Sdn Bhd
地址：41, Jalan Radin Anum, Bandar Baru Sri Petaling, 57000 Kuala
Lumpur, Malaysia.
電話：(603)90563833
傳真：(603)90576622
E-mail：services@cite.my

製版・印刷
漾格科技股份有限公司

經銷商
聯合發行股份有限公司（電話：886-2-29178022）
誠品股份有限公司
金世盟實業股份有限公司

城邦書號
KA2083

定價
360元

ISBN
978-626-398-050-1・978-626-398-049-5（EPUB）
2024年8月初版

首席執行長　Chief Executive Officer
何飛鵬　Feipong Ho

生活旅遊事業總經理暨墨刻出版社長　PCH Group President & Mook Managing Director
李淑霞　Kelly Lee

總編輯　Editor in Chief
汪雨菁　Eugenia Uang

副總編輯　deputy editor in chief
呂宛霖　Donna Lu

編輯　Editor
趙思語・唐德容・林昱霖・李冠瑩
Yuyu Chew, Tejung Tang , Lin Yu Lin

蔡嘉榛・吳嘉恩
Eva Cai, joanne Wu

資深美術設計主任　Senior Chief Designer
羅婕云　Jie-Yun Luo

資深美術設計　Senior Designer
李英娟　Rebecca Lee

影音企劃執行　Digital Planning Executive
邱茗晨　Mingchen Chiu

資深業務經理　Senior Advertising Manager
詹顏嘉　Jessie Jan

業務經理　Advertising Manager
劉玫玟　Karen Liu

業務專員　Advertising Specialist
程麒　Teresa Cheng

行銷企劃經理　Marketing Manager
呂妙君　Cloud Lu

行銷企劃主任　Marketing Supervisor
許立心　Sandra Hsu

業務行政專員　Marketing & Advertising Specialist
呂瑜珊　Cindy Lu

印務部經理　Printing Dept. Manager
王竟為　Jing Wei Wan

墨刻整合傳媒廣告團隊

提供全方位廣告、數位、影音、代編、出版、行銷等服務
為您創造最佳效益
歡迎與我們聯繫：mook_service@mook.com.tw